世田谷一家殺人事件

銘《めい》肌《き》鏤《る》骨《こつ》

齊藤 寅
Saito Shin

青志社

世田谷一家殺人事件　銘肌鏤骨《めいきるこつ》

それぞれの20年

齊藤　寅

この事件を追いかけることだけに十四年余りを費やしたわけではない。仙人ならばいざ知らず、それで生きていくことはできない。一切、手を離していた時期も相当あった。しかし、昨年半ば過ぎから、長い間ご無沙汰していたこの事件に関わりを持つ人物に会ったり、特異な情報にめぐり逢ったりしたことで、事件への何か、が甦ってきた。そして、再び取材に歩き出した。関西、九州、そして香港、澳門、深圳――。

A rolling stone gathers no moss（転がる石、苔むさず）おそらくだが、この先もきっと転がり回ることになるだろう。

はじめに

今から二十年前――。二〇〇〇年十二月三十日、事件は起きた。

東京都世田谷区にある宮澤みきおさん（当時四十四歳）一家、泰子さん（同四十一歳）、長女のにいなちゃん（同八歳）、長男の礼くん（同六歳）が何者かによって、突然、全員殺害された。

何の前触れもなく、幸せを絵に描いたような一家は、何者かの手によって、血にまみれ、その尊い命が失われた。

二〇〇六年六月、『世田谷一家殺人事件　侵入者たちの告白』（草思社刊）を世に出した。唸るような反響が渦巻いた。想定外といったところだった。ただ、あれほどバッシングを受けた本もあまりなかろうと思う。警視庁捜査一課長が公式に記者会見で抗議と疑義を呈することを表明したのには驚かされるとともに、その一方では、事件は解決していないことに索《さく》然《ぜん》とさせられたりもした。他方、バッシングの方も、そのほとんどは具体的な根拠のないものだった。主にネットから降ってきたが、実名で叩く人にはお目にかかったことはない。その最中はずいぶんといやな思いをしたものだが、それも過ぎてしまえば、時間が風化を促す。降ってくるバッシングの発信者のために本を書いているわけでもなければ、匿名の者を相手にすることは、無理というものである。

本を上梓してからは十四年ほどだが、事件は二〇二〇年で二十年になる。いわば節目にあたるわけだ。二十年という歳月はいかにも長く重い。

例えば、昭和三十年代生まれの人がいる。この人の口癖は、「オレが、小学校〇年生の時に、あの浅間山荘事件が起きてね、学校から帰ったら、あの事件の中継をずっとテレビでやっていたんだ。あれは、衝撃だったなあ。え？　浅間山荘事件、知らないの？　ああ、そうだよね、君は、平成生まれだったよね」、である。本人は得意満々だが、実は、こういう人はざらにいる。記憶にある出来事が、その人によって、浅間山荘事件だったり、あるいは、万博だったり、角栄逮捕、の違いがあるくらいだ。

要するに、人の噂も～、のたとえ通り、時間は風化を招くのだ。どのような大きな事件においても、時の流れを止めることはできない。つまり、風化はどのような場合も避けられないのである。それ故に、先の口癖のごとく、あのときは、こうだった、と懐かしげに語ることができるのだ。

しかし、遭遇した出来事によって、風化したくとも風化を妨げることができないことがある。その時より時間が止まったまま、ということである。それは、ある意味、生き地獄としかいいようがない。早く風化してもいい時を迎えられないか、当事者は切に願っている。未解決事件に風化はあってはならない。解決してはじめて風化への風穴があく。そして初めて生地獄から抜け出すことができるのだ。

その風穴を開けるための努力を続けながら、当事者は日々を送っている。そういう人たちの力になろうなどとおこがましいことはとてもじゃないが言えない。また、前述したように、あたかもB29からの焼夷弾の投下（東京大空襲）のような雨あられのバッシングへの今さらながらの弁解をするつもりもない。

ただ、ひとつ言えることは、前書によって心ならずも沈下してしまった残渣《ざんさ》をかき棄てたいというのが本音である。

世田谷一家殺人事件の現場は、今、危機にさらされている。

どういうことか。

東京都から取り壊しの要請が出されたのだ。築三十年、人が住まなくなって十年以上経つ。風雪にさらされ、いつ崩壊の危機に立たされるかわからない、安全上これ以上、この家屋を残しておくわけにはいかない、現に雨もりや外壁の欠落なども起こしかけている、というのが、都の切実な理由である。

　これまでにも取り壊しの要請はあったが、遺族側はその都度、延期を請願して合意を得てきた。しかし今回の要請は、いわば最後通告に等しい。都としても、これ以上はどうにも譲れない、といった切迫した状況というわけである。

　実は、事件の起こる前から都は取り壊しの要請をしていた。それは、公園整備事業に伴うものである。要するに、その自宅周辺一帯を公園にしようという計画である。

　どこを見ても住宅が密集している世田谷区だが、現場一帯は、殺害された宮澤さん宅と、親族宅二軒が寄り添うように、ぽつねんと建っているだけで周りは公園や更地である。都が公園整備事業を進めていることがそれで見て取れる。都はかねてからあった懸案を早く事業化したかった。

　事件発生当時は、この都からの取り壊し要請を理由に、被害者の一人である〝宮澤みきおさんがこの要請に反対していたから事件は起こったのだ〟という心ない見方が飛び交ったりもした。

　それから二十年が経過する。

　都からすれば、取り壊しの要請は、今に始まったことではない、もう二十年以上も前からだ。もういい加減……、という思いがあるだろう。

取り壊し延長の請願の後押しをしてきた警視庁も今回ばかりはそれをしなかった。３Ｄ動画で住宅内の様子を記録するなど証拠物の収集作業が終了した、というのがその理由である。要するに、この現場には、捜査上必要なものはない、と判断したのだ。

それでも遺族は都からの要請を受け入れなかった。延期の要請をしている。しかし現実は、風前の灯火《ともしび》といっていい。この先、そのような暴挙には出ないだろうけれども、いつ取り壊しをされてもおかしくない状況に直面しているのだ。

この危機に、被害者遺族は二〇二〇年一月、自宅公開を試みた。〝取り壊しともなれば、事件は風化してしまう。それは絶対に避けなければならない〟という思いからだという。

現場の公開は、二〇二〇年一月十八日、一部メディアだけを対象に行われた。

参加した一人がいう。

「公開は、東京都から取り壊しの要請があったことから、被害者遺族が事件の風化を防ぐ思いで踏み切ったのです」

遺族とは、殺害された妻の宮澤泰子さんの姉で隣に住んでいた入江杏さん。入江さんは、上智大学非常勤講師を務める一方で、世田谷事件で逝った宮澤さん一家四人の追悼の集い、「ミシュカの森」を主宰している。

「入江さんは、〝証拠の保全も十分できたかどうか判断できない状態で、このままここを無くしてしまっていいのか、メディアを通じて皆さんにも見てもらいたいと思いました〟という主旨で公開したのです」（公開に参加した記者）。

いくら証拠収集は完了したとはいえ、いまだに未解決なのである。現場百回だとか、あるいは、迷ったら現場に戻れ、と日頃からまるで読経のように連呼しているはずの捜査機関が、現場の取り壊しやむを得ず、などとしたら戸惑わざるを得ないであろう。よもや、この事件は永遠に未解決なのか、といやな想像が頭をもたげてくるのも無理のないところだ。

公開した現場の模様は、メディアを通じてつまびらかに紹介された。

宮澤さんの書斎では、入江さんはこう語っている。

〝本棚が防音の役割も果たしていて、それで私たちが犯行に気づかなかった可能性もあるんです。隣に住んでいたのになぜ気づいてあげられなかったのかと、事件以来、私はずっと自分を責め続けてきました〟と。

さらに、

〝引越しの前のような状況になっていて、警察の取り壊しをして片付けるという気持ちは伝わってきましたが、未解決事件を解決に導きたいという意欲は私には感じられませんでした。強い熱意よりは、早くなかったことにしたいという思いが感じられたのが残念でなりません〟と話している。

これはまさに遺族として切実な思いであろう。事件は何一つわかっていないのである。にもかかわらず、証拠は収集されている、もう現場には用はない、にはならないはずだ。それでも、事態は着々と取り壊しに向かって突き進んでいる。

二〇二〇年六月と七月、現場を訪れた。どんよりと曇った日で、現場周辺の緑も精彩を欠いていた。

目を剝《む》いたのは、それまで長い間、当たり前のようにあったうっとうしい防護ネットがすっかり取り払われ、現場家屋の白の外壁がむき出しになっていたことだった。青い防護ネットは、確かにうっとうしいものだったが、取り払われてしまった今、取り壊しも間近、という緊張感が迫ってくる。

六月に訪れたときのショッキングな思いは、七月はなかったが、それでも、この現場はなくなってしまうのか、という焦りにも似た思いがよぎる。

あのときから二十年の歳月が流れている。事件が起きたとき、訪れた現場は、週刊誌記者の私などそばに寄ることすらかなわなかった。遠巻きにその家を眺めるしかなかった。それでも、稀代の陰惨な殺人事件の現場は、ある種の迫力、それはまさに鬼気迫る、といっていいだろう――、を持って迫ってきたものだ。

今は、湿った空気がまとわりついているだけである。常に事件を想起させていた青い防護ネットも、まるで選挙後のポスターが剝がされるように取り除かれてしまっている。

そして、何よりも二十四時間体制で、長い警棒を突き立てるようにして仁王立ちしていた警官の姿が消えている。前述のように警視庁は、取り壊し延期要請を解除した。防護ネットの取り外しもその一環である。いつだってそこにいた物々しい装いの沈黙の警官は、事件を記憶している者も、まったく知らない者も、事件を忘れてしまっていた者も人を選ばず、あまねく人に事件があったことを告知していた。沈黙の警官は、まるで怒濤に立ち向かう海神のように、事件の風化を一人支えているようだった。

その警官も今はもういない。

事件は、〝ああ、そんなことがあったなあ、あのとき。二〇〇〇年の年末か〟、という風に、時の彼方に忘れ去られてしまうのか。風にさらされる砂の器のように。そんなことがあってはいいはずはない。

銘肌鏤骨という難しい四字熟語がある。「めいきるこつ」と読ませる。肌に刻みつけ、骨に彫り込む。つまり、深く心に銘記して忘れないことを意味する。中国の「顔《がん》氏《し》家訓《かくん》」なる書物の序章にあるという。むろんのことだが、こんな高尚な言葉を知っていたわけではない。あるとき、馬耳東風の反対語を調べたときに、これが出てきた。まったくの偶然の産物である。

ともあれ、現場を訪れた時、この言葉が不意に頭をかすめた。記憶の彼方に飛び去ってしまえば、事件そのものも、なかったことになってしまう。

●世田谷区上祖師谷にある宮澤みきおさん一家の自宅。
周辺は東京都の公園整備事業が進められている。

ぽつんと立った宮澤さん宅の前に、設置された、24時間体制の警備派出所には、いま、警官の姿はない――。

（２０２０年９月９日撮影）

世田谷一家殺人事件　銘《めい》肌《き》鏤《る》骨《こつ》

――それぞれの20年　目次

前作でもそうだったが、本作も取材で知り得た事柄については細大漏らさず書き込んだ。出し惜しみする情報など一切ない。

また、本作に登場する人物については、立場上、本名を明かせない人が多数を占めざるを得ない。

ご理解願いたい。

装丁・本文デザイン　岩瀬　聡

第一章

歳月

それでも月日は流れ、捜査員はまだ歩く

世田谷一家殺人事件発生からあと四ヶ月足らずで二十年を数える。時は十分すぎるほど流れたが、実のところ何も変わっていない。変わったとすれば捜査員の顔ぶれ、事件現場を蔽《おお》うナズナの背丈、同じくバリケードにはびこる錆くらいのものだ。

とりわけ捜査員の変動は著しい。今現在この事件の専従とされているメンバーのほとんどが事件をリアルタイムで体得していないのだ。彼らは事件発生時、まだ小学校にも上がっていなかったのだから、やむを得ない。なかには、事件発生の翌年生まれの者もいる。当局におけるこんな事態を知ってしまうと焦りのような不安と怠慢とまではいわないが、捜査のおざなりに対する反発が湧き上がってくる。時間は容赦なく事件をどこかに押し流してしまう。

マイルス・デイビスかチェット・ベイカーじゃないが、まさしくTempus Figit（時は飛ぶ・光陰矢のごとし）である。こいつは止めようがない。それならば、事件の記憶は、あたかも清潔を保っておかなければならない小さな白い部屋を換気するように、積極的に常に入

れ換えながら、新鮮なままにしておかなければならない。立っていられないような風やあばれ川の水のように暴力的な力でもって掠《かす》って行くままにしておいていいはずはない。

　事件に携わったそれぞれの分野の人たちを通して、今、そして、これからを凝視したい。


　その時、誰もが気が緩んでいた。

　二〇〇〇年十二月三十一日、大晦日。朝から曇っている。もう一夜明ければ新しい年がやってくる。二〇〇一年である。世紀を超える年越しを迎えるとはなんというめでたいめぐり合わせだろう。神に祈ろうが、カネを積もうが、こればかりは運なくして体験できるわけではない。長生きした愛しいお婆だって世紀を跨ぐなどという経験はしていない。

　ラジオから流れる昼のＮＨＫニュースが、そんな穏やかな空気を引き裂いた。まさに引き裂くという表現がぴったりの第一報だった。

『東京都世田谷区で小学生の子ども二人を含む一家四人が死亡しているのが、隣に住む親族によって発見されました。警視庁は、四人は何者かによって殺されたとみて、殺人事件として捜査しています』

　何が起きたのか具体的にはわからないが、緊迫は充分に感じ取ることができた。この年の瀬に動くのか。週刊誌の記者をしていた身分として、とてもいやな気持ちになった。年末年始くらいボンヤリさせてくれ。こうした報道は耳や目にしなかったことにするのが一番である。

「すぐにあがってくれ」

NHKニュースが流れる五時間ほど前、私とまったく同じ思いで指令を受けた本庁の刑事がいる。明け番なのにひどいじゃないか、今さっき、この部屋に帰ってきたばかりだ。大晦日と明日の正月くらい好きに寝かせてくれ。身体はついていきそうにもなかったが、頭が盛んに、〝行け、行け〟と催促する。彼の場合、聞かなかったことにはできない。

「とりもなおさず（成城）署の方に飛んでいきましたよ。髭を剃ってね。腹に何か詰め込んだと思う」

一年半ほど前に環状8号線沿いの近代的なビルディングに移転した警視庁成城警察署四階の道場は人で溢れていた。何しろ四方の壁が見えないのである。都内の私立大学を出て警察官になってから数年が経つが、年末、それも大晦日の午前中に所轄にこれだけの〝おまわりさん〟が集ったのは初めてのことだ。会議が終わって、廊下で会った先輩刑事に訊いたら、

「オレも大晦日にこんなに大勢の刑事に囲まれたのは初めてだな。ほとんど知らねえ奴ばかりだ。これじゃ刑事じゃない野郎が一人くらい紛れ込んでもわからんよな」、と言っていた

くらいだ。

「当然、現場には機捜（機動捜査隊）が行っていて、同時に本庁からも何人も現場に臨場していたはず。自分は現場に行ったわけじゃないから本庁組から何人か（行ったかは）わからんけどね。自分が（成城署に）行ったのは、帳場（捜査本部）が立ち上がったときになります」

それから迎えた正月は、警察にとっては騒動そのものだった。彼はその時の様子をいまも鮮明に憶えている。

「なんというか、すごかったですよ、バタバタッ、ってね。日頃座っている姿しか見ないお偉いさん、お偉いさんといったって、副署長とか刑事係長なんだけどね、珍しく立って、廊下をうろうろしていたからね、ホウ、って感じだった。ホウ、の意味わかるよね？」

ただし、すごかったのは、帳場であって、この刑事は、明け番にもかかわらず、その明けもなくぶっ続けで捜査に当たらせられたことを除けば、〝毎度のこと〟だった。各刑事の仕事は、右往左往する〝お偉方〟とはうらはらに静謐《せいひつ》そのものだった。大半の刑事がそうなのだ。

「ヒラは、どんな時も同じ、どこの世界だってそれは同じですよね？」

彼は、遺留品（検出された指紋をはじめとした犯人が遺した多数の物証）をひとつ、捜査本部の管理官の一人から示され、その洗い出しの班に組み入れられた。まったく面識のない他署の同階級の刑事とペアになった。こんなペアの組まされ方からも、現場がいかに浮き足立っていたかがわかる。彼にとってはそんなことも初めてだった。

「あてのない捜査ですが、まあこんなものですよ。正月なのに休むどころかずっと出っぱなし、というのはいい加減辟易だったがね」

出ずっぱりというのは帳場も同様だったが、現場で出回る刑事たちへの指示が一口とか、短いときには半日ほどで変わってしまうことが多々見られた。この刑事も、朝、捜査の内容を、『本日は××巡査部長と○○の洗い出しを行います』と確認したはいいが（この確認行為は必ずしなければならない）、午後になると、洗い出す対象遺留品が変わってしまうということを一、二度経験している。そういうことはめったにない。

その元刑事と十数年ぶりに本書の取材で再会した。

「あれは、今から思えば指揮系統というか帳場の中枢部が乱れていたように思う。事件が起きた日、自分もそうだけどもう今年は仕事がない、と勝手に思い込んでいましたからね。あの気持ちは、たとえ帳場のトップ連中だって変わらないと思う。一番最初に帳場に行ったときの、その場の雰囲気というか、空気っていうのかな、大きな事件だったけどなんとなく締まりがなかったような感じだったからね。ああ、それは繰り返すけれど、自分もそうだったからね、誰も彼もおんなじような気持ちを持っていたように思う。もちろんね、だからそれでよし、ってわけじゃないけどね」

この独特の雰囲気は、事件の発生時期からだけに由来しているわけではなさそうだ。

もう一点、理由があった。この事件の最大の特徴のひとつである。

「慰留品が多くてね、（事件の）解決は早いと、これはすべての捜査員が思ったことだね。一週間はズレるが、正月休みは取れるってね、もちろんそんなことをおおぴっらに口に出す奴はいないけれど、みんなそう思っていた。みんなって、みんなだよ。特定のみんなじゃないですよ。ペアで捜査するわけでしょう？　相手が誰だって、二人の時はそういうことというよねえ、この一週間乗り切ろう、やっと正月休みだ、ってね」

その遺留品は、まるで、オレはここにいる、サッサとオレを挙げてくれ、といわんばかりの豊富さだった。

だが捜査本部の誤算が続く。

指紋はそこらじゅうにつけられていた。韓国製のテニスシューズ（スラセンジャー）、このテニスシューズは日本では販売されていなかったサイズだった。ヒップバッグ。これも韓国企業製造だった。黒いハンカチ。これには、少しばかりの細工が施されていた。フランス製の「ドラッカー・ノワール」というオード・トワレが染みこんでいたのである。大量ではないが、多々ある遺留品の中では独特の匂いを発していた。犯行に使ったと見られる、柳刃包丁まで放り出されていた。そのほか、遺留品に関してはそれこそ枚挙にいとまがない。

「遺留品の整理だけでも鑑識とは別にふたつ以上の班ができていた」

捜査本部の方針は、この遺留品の見極めに絞られてきた。遺留品を丁寧に分析しさえすれば、犯人は自然と浮かび上がってくるだろうという、捜査方針を立てる立場の者の〝思い込み〟が帳場を支配し始める。

「遺留品はむろんのこと重要ですが、例えば被害者の人間関係であるとか、生活習慣だとか、現場周辺の聞き込みやそういう物証以外の証拠といいますか、情報ですよね、こういうのを混ぜて、こねてね、総合的に（捜査方針を）立てていくわけですね。このときはね、あまりにも多い遺留品で、どうも、今自分が言ったような他の部分というものがね、まったく置き去りにされてしまったのは否めないんですよね。決して批判しているわけじゃないが、自分だって遺留品を洗う以外のこと指示されるのは、発生二週間以降のことだったからね。一ヶ月近くも遺留品洗っていたのもいました」

事件発生後、一週間、長くて十日の間に犯人の目処を立てないと、いわゆる〝お宮入り〟と、警察ではみなされる。漠然とだ。この期間を、〝初動（捜査）〟という。捜査においてもっとも重要な期間である。この初動捜査が捜査の成否を決める最大の要因となる。

元刑事は続ける。

「（捜査が）長引いて得られるものは何もありませんね。マイナスばかりを誘発します。特にでっち上げや冤罪は、これ、（捜査の長引き）が大きな理由となりますね」

「現場にいる自分たちにしてみればもうたまったもんじゃないって気持ちになるわけでね、無能扱いされ、それが続くとやがて、自分は無能なんだって思うようになってくる。アンタが無能じゃないか、オレは無能じゃねえよ、ねえよ、ねえよ、オレやっぱり無能なのか？無能なんだな。このパターンですよ。無能なのは、アンタじゃないかって、上司にここの中では（といって自分の胸をなでさする）反撥しているけれど、どういうわけか、その反撥も今度は自己嫌悪に変わってくるんだよね、やっぱりオレは無能なのかってね。いやなものだ。そういうときに心の隙間ができるんだな。あったでしょう？　そういう漫画。ドーン！　ってね。それがでっち上げやガセを引っ張ってくることになるんです」

「あの時？　あの事件のときは、時間が経っていくでしょ？　いたずらに。遅れて来るはずの正月休みだって来る気配なし。出ずっぱり。先ず、上を責める、次に同僚を責める、最後に自分を責める、責めたあとは自己嫌悪、早く終わりにするためには、何か持ってこにゃ、と。あとさき考えなくなる。

今だからいうけれど、正月明けて一月の半ば過ぎからポツポツといかにも怪しい、疑わしい聞き込み情報と称するものが帳場に上がりだした。ひと月も過ぎるとさらにそれが増えた。鵜の目鷹の目で（成城）署にくるマスコミとこっそり会ってそんな無責任な情報をくれてやる。マスコミはそれに飛びつくからね。それで情報の出所が拡散される。拡散は定着する。これが自己嫌悪と焦りと疲労困憊から救ってくれると思っちゃうんですよね。いや、こういうことを実際にしたかどうかはそれこそ〝みんな〟に聞いてみなくちゃわからんことだがね、皮肉じゃなく。実に危ない状況だったことは事実」

上がってきた聞き込み情報を帳場の司令塔も吟味できない。上がってくるもののすべてが重大情報のように思えてくる。誰も判断はできない。

「それはいい（聞き込み情報だ）、早速、そこを掘り下げてくれ、いけ、いけ、そういう感じだね。慎重、とか、熟慮というのとは、まったく無縁といえばいいのかな。もう全然浮き足立っていたね。事件が大きいだけに（捜査本部の）上の方が特に興奮状態だった」

特に、〝発生もの〟といわれる事件についてはそんな暗黙の了解がある。発生もの、というのは、計画を立てて実行されて犯罪ではないものを指す。もちろんこれは現場の刑事たちの感覚であって、実際にはそうでないケースも少なからずありはするが、初動の期間が如何に大切なのかは言わずもがな、のことなのだ。

　ところが世田谷一家殺人事件では、この初動捜査において、箍《たが》がはずれてしまった。むしろ最初から、箍に緩みがあったというべきだろう。気の緩み、思い込み、高をくくる、そして、捜査の長引き——。この事態は現場の刑事にとって、危険の伴う違和感を持って受け取られていた。

「命令系統があって、その間に齟齬《そご》があったときは、危険ゾーン突入。突入したあと、そのゾーンから引き返すならば、それはそれでいいんだけれど、あの事件の場合は、結局、それができなかったんです。上と下が分断されたまま、信じられない時間が経ってしまった」

　それは、恐らく誰が悪い、誰に責任がある、という性質のものではなかったに違いない。責任を負わなければならないのは、あの事件に携わった全員、ということになるのだろう。

　世田谷一家殺人事件の捜査本部長は、警視庁刑事部長の栗本英雄（その後、神奈川県警本部長〜警察庁刑事局長）、同捜査一課長と成城署長が副本部長ということになる。

「本部長が現場に行ったのは、年が明けてからだったね」。これが現場の指揮に大いに関わったのはいうまでもない。

「とにもかくにも事件発生から一ヶ月間は、まあ、メチャクチャな情報が氾濫していましたね、いや、世間に、ではなく、その時の帳場で、です。ええ、（そうした情報には）数も質も、です」

混乱で満ちた一ヶ月は、瞬く間に過ぎている。

「捜査という面からいえば、この一ヶ月が激動期で、そのあとの十九年はなんというか、フラット、といえばいいのかな。なんの動きも何もないわけですよ。自分は、一年半で離れた（転属となった）から、あまり正確なことは言えませんがね。まあ当たらずとも遠からじ、といったところでね」

錯綜した情報は、意図的にメディアに流されたりもした。事件発生の二週間後あたりには、「犯人検挙、目前」という見出しを掲げた全国紙記事も出てくる。

捜査は急速に萎縮していく。志気も熱気も悪への憎悪も正義云々も、全部である。これは、二十年が経過する今に至るまで上昇もしなければ下降もせずに継続されている。

「帳場は一ヶ月が過ぎると大幅に人が減る。（捜査）本部長は、一ヶ月に一回（成城）署に来るか来ないか。いや、それを怠慢などといっているのではありません。そうなってしまうんですよ」

「地道な捜査って、あなたたちはひとことで書いたりテレビで言ったりしていますがね、この地道っていうのがどういうものか、やっぱり少しは知って欲しいよね。知ってもらったからってどうってことはないのだけれど。つまりね、この地道が少しでも続くと、〝何もやっていない〟、〝警察は何やってんだ〟、そして、〝迷宮入りだね〟ときて、税金泥棒、と、こうなるわけですよ。また、そう言われて返す言葉がない、とくる。『世田谷事件』に投入されて、それをもって職を離れる者もけっこういましたよ。自分の同僚も完全に職替えしてしまってね、そいつは特技があったんで、今、くに（故郷）に帰って、洋食屋をやっていますよ。実は自分は食いに行ったんだけど、うまかったね。ミックスフライ定食だったですが。時間ばかり経って何も成果が出てこないと、何もかもが回らなくなる、悪くなる。早くこの帳場から抜け出したくなる。あのひどいことがあった現場に行って、犯人を憎み返して、絶対につかまえてやるぞ、とやればいいのかもしれないけど、その現場すら自由に行けないほど（行動管理が）厳しいですからね。聞き込みでは、時間が経つほどに誰も協力してくれなくなってくる。『まだ、捕まんないの？』、『協力してくれっていわれたって、何を協力すればいいの？』、『こないだ指紋だって採らせてあげたよね？』。これの雨あられ、です」

事件発生直後から、現場への聞き込みには指紋の採取、収集が重要なテーマになっていた。現場には、もういいよ、というほど、犯人のものと見られる指紋が残されていたからそれは必須だった。この指紋という決定的な証拠がどれだけ捜査に携わる人々を翻弄したか。

「指紋の主さえめぐり会えば、それでゴール。大袈裟に言えば警察全部がそう思っていた。自分たち現場の捜査員は、まるで、新聞の拡張員みたいに指紋を集めまくっていました。もといい、拡張員じゃなくて、なんでもいいけれどコレクターといわれるような人がいるでしょ？　それですよ。もうしゃにむに集めるんだ。自分たちは、それが指紋だったわけです。今日は、オレの方が多かったぜ、お前はいくつ集めた？　ちくしょう、負けた、ってなもんですよ。係長への報告だって、『本日、私は、××方面を廻り、都合、これだけの指紋を確保いたしました』、っていう感じですよ。帳場にあるホワイトボードに各捜査員の指紋確保数というグラフが張り出されかねなかったですよ、保険会社のように」

こういう、この終始無表情の刑事の口元にも苦笑のゆがみが出ていた。捜査が捜査員の何かを曲げていた。それが、志気かやる気かはわからない。

「そんなこと今だってわかりませんがね、ああそうだ、あの時、なかには、いくつも同じ指紋をあたかも採ってきたように提出している者もいました。それ、報道されたでしょう？あなたの方が記憶にあるんじゃない？　彼は自分の同僚だったんだけれど。そう、奴も辞めましたね、すぐ。今？　わかりません」。その指紋も、自分のものだったから、確かにお粗末といえばこれほどお粗末なことはない。それもしばらくはまったく気付かれずにしっかりとファイリングされていた。

「大きな事件の帳場というのは、それでも案外、波風が立つというか、ちょこちょこ何かしら起きているものなんだけど、あの時はまるで静まりかえっていたという記憶しかないですな。波風どころか、ずっと凪《な》いでいた」

指紋だけではなく、重大な遺留品は山積みするほどあったわけだが、帳場において特に注目されたのは、韓国製のテニスシューズ『スラセンジャー』だった。

この〝ブツ〟に対しては、警視庁本庁の幹部がわざわざ韓国に赴き、確認にあたっている。

「かなりちぐはぐでした。現場では、指紋一辺倒だったわけですが、そうかと思えば、とってつけたように韓国あたりまで靴の確認に行く。これでは命令の行方がハッキリしない。どちらを向いて捜査をしていけばいいのか、自分らは迷ってしまうのです」

現場を彷徨する捜査員たちの〝眼〟はどこを向き、何を見ようとしていたのか？　捜査というのは何をするのか、しているのか？　捜査本部という機構とその中に組み込まれた捜査員たちの意識は本当に合致しているのか？　これが合致しないで捜査は成り立つのか？

「これは自分たちの習性なんでしょう。頭ごなしにすり込まれてしまう習性なんですね、いってみればね。言い訳をいうわけじゃないがね、警察学校というのがあるでしょう？　そこに入ったとき、その瞬間からこの習性は植え付けられるんです。この感覚というか、認識は警察学校に入った瞬間に強く自分の身体の中に入ってくるんです。まるで、(警察)学校の門をくぐるときに、焼き印をギュッとね、押しつけられるようなね、そんな感じなんだ。焼き印ですね、消えません、一回押しつけられたら」

焼き印が、帳場のすべてを支配する。上から下まで。事件の解決もまた、そうでない時でも。これは変わらない。焼き印が一生取り除けないのと同じで、である。それだけに、指紋、それだけに集中していた捜査員らの意識は、唐突に韓国に行った上層部の後ろ姿を見たときに、途方に暮れてしまうのだ。一体俺たちはどこを見ているのか？　漂流しているんじゃないか？　と。

「帳場が立てられると、そこの上層部（捜査本部長、副本部長）が何を見ているかが自分らの最大の関心事になるのです、意識としてですよ。敏感になる、といったらいいのかな。指令は、指令でもちろんこなすけれど、上層部の目が向いているところにどうしても自分らの意識も向いてしまうんです。アンテナ立てて上層部の関心を測るといえばいいんですかね、それはどの世界も同じでしょう？　つまり、これが焼き印なんだ」

「だからあの事件（世田谷一家殺人事件）で具体的にいうと、最初から、今もそうだと確信していますが、上層部の意識は指紋にです。それは揺るがない。自分らはそれを敏感に察します。だから何を割り当てられても、指紋だけを集中的に当たっていく。靴の件で（警視庁幹部が）韓国入りしたことはあまり重大に考えない。うーん、正確にいうと重大に考えないようにしていた、聞いていなかったことにする、というかな。いつだって聞き耳立てているのにね、聞かなかったことにする、というのはとても難しい芸当だけど、ね。自分に嘘つくわけだしな。それでどこか肝心な部分を曲げなきゃいけなくなるんですね。自分たちの捜査上の意識には反映されないようにね」

それでも月日は流れる。捜査員はまだ歩く。帳場の上層部は何か指示を出さなければならない。叱咤激励など毎日出していては、叱咤にもならなければ、激励にもならない、見えない空気のようになっていく。

「苦しい日が流れていきます。この時間の経過が一番の苦しみでした。いや、私にとってはです。まだ事件は解決していませんから、この苦しみは誰かに継続されているわけですが」

時間が真綿みたいに締め上げてくる

事件発生後すぐから帳場の上層部に座り、一年あまりそのポジションにいた元警視がいる。その彼の話だ。

「そうですね、これはね、拷問に近いね。警察官が拷問に苦しむっていうのはなんとも恰好つかない話だけどね、時間が真綿みたいなものでね。ジリジリと締め上げてくる。もがきようがなくてね。指紋、テニスシューズ、指紋、柳刃包丁、そして指紋、こんな具合でした、もがくとしても、ね。それほど指紋の持つ力は強かったね。まるで（指紋）台帳に押したような、ほぼ完成されたものがいくつも出てきた。本当に、さあ、遠慮しないで持っていって、っていうね。もし、帳場の緊張がどこかで緩んでいたとしたら、私の立場でそれを言うわけにはいかないし、そうでなかった、としかいいようがないけれどね、それでもいうならば、それはこのほとんど完璧に近い指紋の威力だと感じます」

指紋というのは、例外や差別、偏見など一切なく誰の指にも備えているものだが、これがひとたび遺留品ともなれば値千金となる。まるで歩が金に変わるようなものである。ところがこの時の捜査本部は、この金を生かし切れなかっただけでなく、際限なく翻弄されてしまうのだ。

「あの時の帳場にいた者、誰に聞いても指紋のことは苦い話として話すでしょうね。私たちからの指示も、『指紋を集めてこい』一辺倒だった。あとの遺留品については、『ああ、あったね、それ』、という感じでした。見過ごしていたのもあれば、忘れていたこともある。何をいまさらという誹《そし》りを受けても、返す言葉はない」

元警視は、帳場を離脱したあとまったく別の署に異動した。その後二回の異動を経て定年を迎えるが、職務上、事件には一切触れずじまいだった。

「異動してから、あの事件のことを問い合わせられるようなことは、一度もなかった。それはいうまでもなく捜査が進展していないことを意味します」

世代は容赦なく変わっていく。

大きな変化は、事件発生六年目に起きている。当事者は私だった。

二〇〇六年六月、『世田谷一家殺人事件　侵入者たちの告白』を草思社より上梓した。私にとっては、最初の書籍だった。

この本は売れた。初版十万部。破格の部数があっという間に捌《さば》けた。一気に四刷り二十万部まで飛ばした。

『世田谷一家殺人事件　侵入者たちの告白』が出版されてから二〇二〇年で十四年だが、この事件に関わりを持ったのは、事件発生からである。週刊誌の記者として事件との関わりを持つことになる。

週刊誌の取材開始は、おおむね新年早々である。運がよくても一月三日からで、発売曜日のめぐり合わせが悪いと元旦スタートということもある。いやなものだが、厭も応もない。さりとて、酒仙投手じゃあるまいし、酒を飲んで取材するわけにもいかない。その年、つまり二〇〇一年のスタートは元旦ではなかったものの二日か三日だったように記憶する。

早速、世田谷一家殺人事件の班に放り込まれた。取材してみて実感したが、特に警察は情報のるつぼとでもいうような有様で、普段、情報など出すことをしないような刑事も何かしら興奮したようにとりとめのないような話をした。殺人事件は捜査一課の受け持ちだが、別の課、例えば知能犯担当の捜査二課の部長刑事だとか、暴力団担当の捜査四課の警部補などもこの事件の話をした。それらはもちろん、実のある話ではなかったが、それだけあらゆる刑事の関心が、巷間の耳目と同じく世田谷一家殺人事件に向いていた。そうした刑事のすべては、事件の解決は、長くて十日、ある刑事などは、正月三が日の間には、ホシは挙がる、と言っていた。まるで、警視庁はお祭りのような体裁だった。

週刊誌の編集部もそんな雰囲気は警視庁とさほど変わりなかった。年末に起きた大事件に編集部部員の大半は割かれ、部内は至るところで拾ってきた情報であふれた。信じられないような情報が飛び交った。今思えば、何でもあり、だった。記事の校了（あとは印刷に回す、という段階のこと）寸前に、『今日の夕方にも犯人が挙がると聞いてきました』という情報が入り、あわてて一部分を差し替えるような綱渡りさえ起きた。今日の夕方どころか二十年経つ今現在も犯人は挙げられていない。

それから何回も世田谷一家殺人事件の記事にたずさわった。年末になると、事件への機運はムクムクと立ち上がってくる。大きな特集記事に昇華していった。

数年後、その編集部を辞した。部内でも嫌われ者だっただけになんの引っかかりもなく出て行くことができた。

しかし、世田谷一家殺人事件については血道を上げて取材していただけに、なんとか形にしたかった。それはどんな形でもよかった。

最初に、書籍化の話を持ちかけてきたのは、R出版という小さな出版社だった。二〇〇四年頃のことだった。いま、そのR出版がどうなっているのかは知らない。世田谷一家殺人事件の本が書ける、というだけで勢い込んだ。四〇〇字詰め原稿用紙で六〇〇枚以上書き込んだ。勢いばかりで無駄な箇所も多かった。なにしろ初めての本でもある。踊るようにして書いていった。夜の訪問者、というタイトルをつけた。チャールズ・ブロンソン主演のフランス（イタリアとの合作）映画のタイトルを頂戴した。いいタイトルだと思い込んでいた（草思社版最終章はこのタイトルを使った）。ところが、この原稿は、出版できなくなってしまった。理由はよくわからない。今さら版元であるR出版の所為にするつもりもないが、今もってその理由は不明なのだ。のちほど草思社より刊行することになったが、いざ、刊行したらしたで、R出版から意味不明の抗議がきた。やれやれ、としか言いようがないが、その顚末については、あまり意味がないので詳細は省く。都合が悪いわけではなく、筆者自身、実情を把握していないのだ。

特にR出版とはその後、関係が切れてしまって、どうして出版ができなかったのかに始まる疑問が積み残されたままになっていて、詳しく書き込むことができないのが正直なところなのである。

しかし、分厚い原稿は宙にさまようことなく草思社からなんとか、書籍化されてこの世に飛び出した。

コップの中の嵐は暴風となった

出版後、一ヶ月半も経たないうちに驚く発表があった。本が売れまくっている真っ最中である。発表したのは、警視庁捜査一課長だった。

その日、新聞やテレビ局で構成されている警視庁内の記者クラブ（複数ある）に捜査一課長からの緊急発表があるということで呼集がかけられた。いわゆる定例の記者会見ではない。

「捜査一課長が単独で記者会見するというのは、あんまり例がありません。あまり、じゃなく、ない、ない、かな。その時は大きな事件も起きていませんでしたし、また、事件解決に大きな進展があるような状況でもありませんでした。一課長が会見する、ということを聞いて、どの社の連中も最初は、『え?』、という思いでしたよ、もちろん僕もでした。『なんだろうね?』って、ね」（七社会（警視庁内の記者クラブのひとつ）に属している新聞社の社会部記者）。

その発表を受け、各紙（各局）は、それを早速、記事にした。そしてそれは翌日の朝刊に掲載された。

《東京都世田谷区で2000年12月、会社員宮沢みきおさん（当時44歳）一家4人が殺害された事件を巡り、先月末に出版された「世田谷一家殺人事件　侵入者たちの告白」（草思社）について、警視庁捜査1課の光真章課長は19日、「内容がことごとく事実と異なっており、捜査に悪影響を及ぼす」などとするコメントを発表した。

事件捜査にあたる警察幹部が、出版物の内容について公式見解を表明するのは極めて異例。

この本の筆者は、元週刊誌記者で、真犯人を知る男のインタビューに成功したという内容。先月21日に出版され、公称25万部を売り上げるベストセラーになっている。

光真課長は、本の記述のうち、4人の殺害方法や宮沢さん宅への犯人の侵入経路、遺留品など10項目について捜査で認定している事実との相違点を指摘。その上で、「誤解を生じさせる恐れが極めて高い」などとする見解を明らかにした。

これに対し、草思社は元週刊誌記者と連名で「著者が取材で知り得た情報をありのままにまとめたもの。捜査を妨げる意図はない」とコメントしている。》

（読売新聞　二〇〇六年七月十九日付）

巷間においてはどうでもいいことだっただろう。ただ、私にとっては、とんだ騒動だった。

「警視庁の捜査一課長が、あなたの著書について、〝けしからん〟と言って記者会見までしましたよ。どうですか？（捜査一）課長は、本に書かれていることは、ことごとく事実じゃない、と言っていましたが、どうなんでしょうか？　事実じゃないんですか？」

新聞記者たちは、こんな質問をしてくる。事実じゃないんですか？　と問われて、はい、そうです、とでも答えると思っているのだろうか？　思わず、苦笑してしまった。そのあと、その記者の顔をジッと見たものだ。

「あの本は、正直に言うと帳場（捜査本部）だけでなくてね、警視庁内でもすごい騒ぎになったよ。売れたし、無視するわけにいかなくなって、あんな記者会見を（捜査一）課長がやったんだ。何しろ、捜査は、そうだね、あの時はもう六年も経っていたのかな、その間、何にも進んでいないんだから。あんな形で、犯人を突き止めた、なんてやられたら、警察のメンツも何もなくなっちまうわな。捜査一課、総動員して親しくしているマスコミの人たちに、あんな本はすべてガセ、と吹き込んだものだ。それが、指令なんだから、しゃあない。やらなきゃ」

会見を行った事情について親しい警視庁元刑事が、当時を振り返って話してくれた。

メンツが立たないからといって、マスコミを使ってこぞって叩かれるのは、こちらがたまったものじゃない。

今でも状況を冷静に見ると、何も変わっていない。捜査の進行も何もない。犯人像はおろか、動機すらその一片もわからないでいる。

どうして宮澤さん一家は、あんなひどい死を迎えなければならなかったのか？　なにひとつわからない。

その時にその現実をわざわざ浮き立たせるような本が突然出された。それも売れている。

警視庁の元刑事が続ける。

「なんだ、お前！（私のこと）お前なんかに何がわかるんだ、ってなもんだよ。一笑に付せないのが、（事件発生）六年も経つのに、なにひとつ進展なし、の焦りと相俟《あいま》って捜査一課長の記者会見、それも本への批判というおかしなことになっちゃった。うちの会社（警視庁）は、発生した事件の捜査をする会社で、書評をする会社じゃないんだけれどね」

この元刑事とは今でも親しくしている。事件発生当時は、本庁捜査一課にいて、そのあと所轄署をいくつか回る。回るたびに、所轄署近くの料理のうまい居酒屋を見つけては、そこで酒杯をかわした。

今は、所轄署を回り出して二番目の近くの自動車教習所の教官を務めている。「今の若者は運転がうまいね」、が、ことあるごとに口についてくる。今の若者、それはいくつくらいのことを指しているのか。運転免許取得解禁は、十八才である。多くの若者はこの年齢で自動車教習所に入る。例えば今年、この元刑事に教わる若者がその年だったら、世田谷一家殺人事件が発生したあとにこの世に生を享けたわけである。車の運転を教える側と教えてもらう側、この大きなギャップに改めて呆然とする。

前出の読売新聞にもこう記されている。

《事件捜査にあたる警察幹部が、出版物の内容について公式見解を表明するのは、極めて異例。》

後にも先にも、この元刑事がいう、〝本への批判というおかしなこと〟がなされたことはないのだ。

元捜査一課警部補は続けてこう言う。

「捜査に悪影響を及ぼす、とかね、誤解を生じさせる恐れが極めて高い、などと言ったって、一体誰に誤解を生じさせたり、悪影響を与えたりするのかね、と現場では首を傾げていたよ。不思議な記者会見だったね」

私はといえば、本を出してからというもの、警察官のネタ元は一斉に連絡できなくなった。長年の取引先、それも複数がそろって取引をヤメさせて頂く、というようなものだ。致命的である。メディアからも一斉に批難の火の手が上がった。警察がさかんに煽っているのだから右向け右、である。憲法で保証されているはずの取材の自由は大いに侵害され、言葉を返すならば、取材活動において計り知れぬほどの悪影響が出た。

「本音ということならば、こっち（警視庁）にもあってね、六年間も（捜査が）停滞していただろう？　そこに、ポンと本が出た。それも売れた。無風で凪《なぎ》っぱなしだった海に波風が立ったわけ。それはそれで効果ありだったのですよ。本を批判することで、私たちはしっかり捜査しているんですよ、一日だっておろそかにせず、丹念にコツコツとね。これがアピールできる。この効果もあった。書き手のこと？　そんなの知ったこっちゃないよ」（警視庁元刑事）

まあ、そんなところだろう。

このコップの中の嵐のような騒動で、光真捜査一課長が指摘した一〇項目にわたる相違点というのはこれだった。

侵入から殺害方法

犯人が自ら行った治療行為

パソコン操作、

逃走方法、
被害者の行動、
遺留品、
指紋
大阪の事件との関係
ベトナム人研修生について
捜査の過程

元警部補がいまも確信する犯人《ホシ》

この中で警視庁が最も注意を払ったと見られる項目は、「指紋」である。
私は「『世田谷一家殺人事件　侵入者たちの告白』第8章　一致した指紋」の章中でこういう記述をした。

《「しかし、これはどのように解釈すべきですか？　大阪と大分の事件のホシが屯《たむろ》っていた外国人留学生たちの〝巣〟から、一年ちょっと前の大事件の現場から出たモンが出てきたという事態を」。

「簡単なこっちゃ。世田谷のホシがその〝巣〟におったんやろ。つまり、うちのヤマのホシども（中略）と、世田谷のホシはあのアジトで顔を合わせとる、いうこっちゃ。（中略）」

「しかし、そのことを当の警視庁には、当然、知らせているんでしょう？　だけど、成城（成城署）の飯場（※大阪では特別捜査本部のことを帳場と呼ばずに飯場と呼んでいる）では、そんなことまったく関係ない、というか知らない感じでしたよ。（中略）」

「そんなことはワシにはわからんな。そりゃあんた、警視庁ハンの話やがな。（後略）」》

これは、大阪府警の某警部補と私の会話である。大阪で起こったある事件で逮捕された外国人留学生らが集っていた西成区辺の古いアパートがある。そのアパートは当然、犯人逮捕後に徹底して洗われる。その際に採取された指紋が、世田谷一家殺人事件で採取されたそれに一致した、ということを警部補から教えられた。

その警部補と二〇一九年秋、十二年ぶりに大阪であった。

「あんときは大変やったな」

挨拶代わりがこの言葉だった。こう言って、元警部補は（その後、昇格して警視になったらしい）照れくさそうに右手を差し出した。老けていた。現役を退くと誰もがこうなるのだろう。特に警察官という職業は。この人は現役時代、特に疲弊が激しかったタイプである。

「あの時の指紋の話な、あれは間違いない話やった。アンタにサービスしたんちゃうで。兎《と》我《が》野《の》町の事件や。あの事件の公安検事の話を聞かせて欲しかったんや。例の公安検事の話や。情報は、なんでもバーターや。持ちつ持たれつ、やろ？」

公安検事というのは、二〇〇二年四月に起きた現役検察幹部が逮捕されるという事件が起きたが、その当人のことである。検察幹部は、その時は大阪高検公安部長だったが、詐欺や収賄などで逮捕、その後、立件され、有罪となった。その一連の事件（立件された事件は数件あった）のなかで、この元警部補がいう、〝兎我野町の事件〟が絡みついていたのである。

大阪駅のすぐ近く、兎我野町のラブホテルで風俗嬢が惨殺された事件だ。二〇〇一年十二月の下旬のことである。世田谷一家殺人事件のちょうど一年後のことである。

その〝兎我野町の事件〟を、『『世田谷一家殺人事件　侵入者たちの告白』第5章　曾根崎風俗嬢殺し」で詳細を記した。

《このあたり一帯は兎《と》我《が》野《の》町域という。

そこで、ある惨劇が起きた。同町域内にあるホテルに臨場した大阪府警曾根崎署の刑事

は、開口一番「こりゃ無茶や！」と叫んだ。（中略）
殺人の手口は残忍で、致命傷と見られる首筋の傷を含めてじつに一〇カ所以上の創傷、左胸にも刺し傷があり、その他、背中や腹部にも同じように深い刺し傷があった。ただ、すべての傷は同じ凶器でつくられたものではなかった。少なくとも二本の同じような凶器が使われたと鑑識では判断している。》

この事件の加害者が、世田谷一家殺人事件の犯人と接点があった。その一方で、被害者は、暴力団員を通じて先の検察幹部と面識がある。世田谷一家殺人事件、兎我野町風俗嬢殺人事件、そして、現役検察幹部逮捕事件は、直接、間接的につながりを持っていた。事件がつなぐ人間関係は、意外だけに実に興味深い。

どのような性質のものであれ、大きな事件が起きたとき、マスコミの間に出回るのが、事件を取り巻く人脈図である。おおかたの場合、その図の制作者は不明である。こういう図を俗に、チャートなどというのだが、これがすこぶる面白い。事件の中心人物（法人の場合もあるが、おおむね、個人名である）がまずはその図の中心に据えられる。そこから様々な方向に放射線状に線が引かれ、そこに関係者が取り巻く。引かれた線に沿って、どのような関係であるかが簡潔に記されている。松本清張は古い時刻表を〝点と線〟に見立てたが、こいつは似て非なるもので、それ以上に目を瞠《みは》る。なにしろ事件と人間なのだ。面白くないわけはない。そこに思いもよらなかった人物の名前などが出てくるとなると、これはまた格別の興味が彷彿としてくる。

兎我野の事件と世田谷一家殺人事件、そして検察幹部の逮捕となればその相関関係は面白いことこの上ない。面白いというのは不謹慎な表現というのは百も承知である。

逮捕された公安部長は、前述の通り、暴力団との関係があった。そのことは、本人の名誉のためにも正確に記さなければならないが、例えば、公安部長が暴力団とはなれ合いであったとか、黒いカネ目的の付き合いというようなただれた関係ではない。聞いてみると、そうなの？　と疑いの目で見る人もあるだろうが、公安検事は、その暴力団員（所属団体は、正確に言うと山口組（当時）系暴力団だが6次団体である（大阪府警認定））とは、公安情報を得るために、関係を持ったのだ。情報元としてのつきあいである。

検察官も警察官のように現場においての情報元（ニュースソース）を持つことがある。捜査機関であるから、それは当然のことである。それをしない検察官の方が圧倒的に多いので、いつしか検察官がそんな情報元を持つこと自体が御法度のようになってしまった。「そんなことは、警察（官）がすればいいことだよ」、検察官はそういうことをよく言う。暴力団員を情報元にするなどとはもってのほか、ということだ。これは、当の公安部長から聞かされた。

公安部長はそういう検察官の常識とは一線を引こうともがいていた。だから積極的に現場に出て情報元をつくり、情報の網の目を作るべく尽力していた。この検察官としての破天荒が、裏目に出た。やはり相手は6次団体とはいっても、鵜の目鷹の目の暴力団員である。公安検事を絡めて取り込むことを目論む。せっせと情報を持って行っては、胸襟を開かせる。そのうちに、公安部長のウィークポイントをしっかりと頭に入れる。

それは、酒と女だった。案外、月並みだが、検事、それも、幹部であっても、こればかりはどうにもならない。性は変えようもないのだ。

何回も情報提供をしたあと、暴力団員は初めて、公安検事を飲みに誘い出す。それまで情報提供の場所は、いつだって、検察庁内だった。暴力団員は、その時、〝被疑者関係者〟として、検察庁内に入っていった。私事だが、筆者自身も、〝被疑者関係者〟として、検察庁内に行ったことがある。公安部長室は、必要以上に広く思えた。〝被疑者関係者〟は妙な気持ちにさせられたものだ。

暴力団員は、さりげなく誘った。「〇〇（公安部長の名前）さん、わしの知っている店があるんです。地味な店ですが、もしよかったら、今度、そこで飯でも食いませんか？」

公安部長は、そこに行った。そして、アルコールを口にした。いつもの情報元である。そこに問題はないと判断した。暴力団員は一気呵成である。段階をもう一段階上げた。

「わしの知っている女の子がいますんや」

その店に、〝女の子〟はやってきた。公安部長のテンションは上がり、彼女とも妙に意気投合した。女性が、香川県高松市出身ということで、すっかり意気投合（公安部長の勝手な思い込みかもしれないが）した。暴力団員としては、巧妙な策術が成功したというわけだろう。その女性が、兎我野町事件の被害者だった。

公安部長は、二〇〇二年四月、大阪地検に逮捕された。兎我野町の被害者と公安部長が会ったのは、その一年半ほど前のことである。被害者は、その半年後に命を奪われる。

事件にはさまざまな因縁がまとわりつく。

「結局、あのことはあまり話題にはなりませんでしたね」

「そやったな、けど、まあ、少しは参考になったわ。犯人の方やないで、検事さんも人の子やなあ、とつくづく思うたわ。あの検事さん、酒も好きやったんやろ？　こっちも、やったんな」そう言って、右手小指を立てた。検察幹部と被害者女性との面識は女性の職業上のことだった。その斡旋人が暴力団員の男で、検察幹部はその男からわずかな金員を受け取ったことが、収賄罪ということになった。金員の見返りはない。それでも収賄は成立した。

「世田谷の方も一向に明けんなあ（解決しないなあ）」

「（今年の）年末で二十年です」

「さよか」

それ以上は、もう口にしなかった。口にすることもないのだ。

元担当刑事たちの二十年

世田谷一家殺人事件の下手人は極狭い範囲だが、自らの犯行を披露している。警察の捜査はそんな声は拾わない。拾うわけはないのだ。

しかし、そんな情報に耳を傾ける捜査員もいる。Fという本庁（警視庁）の警部補（当時）がそうだった。事件当時、帳場に投げ込まれた一人で休みになるとひっきりなしに知り合いを訪ねては、情報のかけらを集めて回っていた。どのようなタイプを熱心というのかわからないが、手当たり次第に知り合いの元を駆けずり、情報収集に勤しんでいた。知り合いと言っても、近所だとか居酒屋で偶然、隣になった客ではない。先輩警察官から紹介されたマスコミ関係者であったり、不透明な政治団体に属しているような人物であったり、である。

「なにかない？」が口癖だった。挨拶よりも先にその台詞が口をついて出てきた。

「『世田谷一家殺人事件　侵入者たちの告白』第10章　二〇〇〇年一二月三〇日」では、いわゆる警察情報は一切なく、すべては、〝侵入者たち〟による証言だった。それも次のような〝報告会〟によって語られたものだった。

警視庁が行った記者会見のなかで、事実と違う、という指摘をいの一番にあげたのは、侵入から殺害方法、だった。だがそのすべては、こうした〝報告会〟によって語られたものである。

《そのアジトでは、リーダーのHという韓国人が、巧みに英語を交えて報告していた。聞いている仲間は、計一一人。六畳一間と二畳程度の板の間のなかに、よくこれだけの男が集まったものだ。中国人、韓国人、それにカンボジア人とタイ人（いずれも自称）が一人ずつ混じっている。

キムは思っていた。〝ここではHが、リーダーだ。オレもいつかどこか、そうだな、さしずめ神戸がいいかもしれない、そこのリーダーになるぞ。神戸はいい。アジア系外国人がウジャウジャいる。リーダーになれば、たくさんのカネを握って韓国に帰ることができる。待ってろ、オムニ……、それに兄弟ども……〟。》

捜査員と名のつく人たちはこの情報に関しては、一切、振り向くようなことは無かったが、一人F警部補だけは、こうした〝どぶ板の下にもぐり込んだ〟情報を渉猟していた。〝なにかない？〟、笑いもせずに、くりかえし聞いてくる。聞いたところで、その態度だけ見ると強い関心は示すことはなかった。関心を持ったとき（それは情報を提供している側からはわからないのだが）、次に会うときに、F警部補の方から、新しい情報として〝お礼〟が返ってきた。そういうときは、冒頭の〝なんかない？〟は、なかった。

F警部補も、今は退職して、特別養護老人ホームのフロントに座っている。

「ずいぶんと長い時間が経ったね。オレは結局、駒で終わったよ」

フロントから少しばかり席を外して、ロビーにある椅子で話をした。席を外す時、事務所の奥にいた中年の男性のもとに行き、結構長く説明をしていた。丁寧にお辞儀を繰り返し、こちらにやってきた。

「持ち場を離れたりするには許可がいるんでね、一〇分だってそうだよ。うん、きちんと了解もらっている」

F警部補だった頃は、しょっちゅう、持ち場を離れて、「勝手な真似をするな」、と上司に怒られていた、と言っていた。メディアの人間と会うのも、表向きは禁じられていたが、それを破っては情報取りに勤しんでいた。今は、そんな破天荒さは今はもうない。今そこにある職務に忠実そのものである。

「あの事件は、自分にとっては初めての大きな帳場でした。気負います。それだけに毎日の聞き込み、これにはなんともやる気を削《そ》がれたものです。あの時には、あんまり言わなかったけれど、自分もあの現場、見ているんです。今もそれを口にできないけれどね、気後れがした。あれからは現場に臨場する足が鈍りましたからね」

だからこそ現場以外のところでの地取り捜査には勢い込んで臨んだのだという。

「後にも先にもあれ以上の現場を経験したことはありません。あれを見て、まず最初に何を思ったか。そりゃ人によっては、〝許せない、絶対に犯人を挙げてやる〟と執念みたいに思う人もいるでしょう。僕は違った。心が怯んだ。だから現場には一度踏み込んで以来、行かなくなったのです。いや、行けなくなった。（犯人に対して）許せない、という思いはそれはもちろんある、ただ、先に来るのが、あの残酷な現場で、それがすべてなんです、自分にとっての世田谷一家殺人事件は」

現場を避けて、逃げて、迂回して、遠回りして、そこで行き着いたのが、口癖の『何かない？』だった。

「口実だよね、そう、現場を遠ざけるっていう。あれね、本当にどうにもならないもんね。意気地ない話だけれど」

Ｆ氏は苦笑もしない。顔中を蔽っている皺ひとつ、動かさない。

「それでも人間は卑しいもんだ。腹が減ったら飯食うし、夜になって番（業務）が明けたら、酒も飲みに行く。ああ、そうね、卑しいだけじゃない、便利にできているんだよ、飯食うときも酒飲むときも、それが連れ（同僚）と（呑みに）行くときだってそうだけれど、都合の悪い記憶を削除できるんですよ、そう、意識してね。意識しないと、ふっと突然頭の中に湧いてくる時があるんですが、意識している限りは湧いてこない。そういう癖がすっかりついてしまいました」

よく話すようになったな、と感じながら、F氏の話に耳を傾ける。現役の時とはすっかり状況が逆転してしまっている。

「現場百回などと言うでしょう？　聞いたことありますよね？　記者さんだったら」

ある、と肯く。

「そのことは否定することじゃないけれど、あの事件に限っていえば、なんともね、当てはまらないね。私だけなのかもしれないけれど。くどいけれど、あの現場に立ち会って、その上で、〝許さねえ〟、燃える、というのもね、そういう（捜査員）のもいるんでしょうが、自分はどちらもなれなかった。あなたたちのところに盛んに行き来したのは、結局、現場からいかに遠ざかろう、としたか、ということでした」

それでも、配置換えを願い出たことはなかった。

「帳場にね、めったやたらに（捜査員を）注ぎ込んでいたから、なんというか統制が取れきれなかったというような状況だったからね、どさくさまぎれ、というか、そっちにいた方がよかったわけですよ」

帳場に集った捜査員のなかにおいて、果然、F氏は異端だったのか。それは、わからない。F氏自身にもわからない。

F氏は、刑事になってから、強力犯、いわゆる捜査一課畑をずっと歩んでいる。殺人現場に臨場するのは、重大な仕事のひとつである。また、その回数も無数にある。それだけに凄惨な現場は見慣れている。世田谷一家殺人事件の後にも先にも、そんな現場に立ち会っている。

「あの事件以外では、それこそ現場百回、ホシ、お前は絶対に許せない、俺の手で引っ張ってやる、と強くね、思ってきたわけですよ。身元確認にモルグ（警察署内の死体安置所）に来る遺族があるでしょう？　そこに立ち会うたびに、オレが犯人挙げてやりますからね、と心のなかで言うわけですよ。実際にそれができたのは、一回だけでしたがね。捜査は、チームプレーですから、そんな機会は、実はあんまりないのですよ。まあいいや、ところがね、あの事件は、そんな気持ちが一切湧いてこなかった。あの現場にがあんと一発打ちのめされたというかね」

当時は、そのことで、自分を追い込んだり、悩まないようにした。悩んでしまうと、気持ちが根本から崩れてしまうように感じたからだ。

「そりゃ、正月をまともに挟みましたからね、そもそも気持ちが緩んでしまうのは止めようがない」

Ｆ氏の場合、そこに現場、である。

「人のせいにはできませんよね、もちろん。けどね、あの雰囲気、独特だったな。あ、いえ、帳場のことだけど」

Ｆ氏は最後にそう言っておもむろに立ち上がった。これ以上話すことはない、といった行動だった。会って話を聞いている間、一度も表情が変わることはなかった。お互いに付き合いが浅い、ということもあるのだろうが、この無表情を、あの時、あの帳場でＦ氏は自身の面貌に定着させたのだ。その証拠に、今の職場に戻ったときのＦ氏には、それなりの表情が出ている。

「席に戻りました」

事務所奥に座っている男性に、大きな声で報告していた。報告を受けた男性の方が、やや照れたような顔をして、「ああ、はい」と応えていた。Ｆ氏にとっては、警察官時代からの至極当たり前の行為だったはずだ。報告を受ける方は、そうではないようだ。

F氏は話の途中にこんなことを漏らした。

「本部の上層部と現場のギャップっていうのは当たり前にあります。それはどんな帳場でもある。ただ、あの事件の帳場の上層部とそのまた上にある警察という組織の上層部の齟齬《そご》がありました。齟齬というか、意思の疎通ができていなかったのです。私たちにはわからない大きな溝というのかな、要するに隙間のようなもの。それが捜査を阻んでいたような気がします。ハッキリとはわかりませんがね。今となってはもっとわからなくなっている。そんなに昔のことだったかな？」

F氏は首をかしげた。しばらく、そのままだった。頭の中は、答えが見つかりそうで見つからないという、ひどくもどかしい状態にあるようだ。それでも答えは出てくる気配はない。それでもやっぱり、答えはどこかに見出さなければならない。

もう一人こんなパターンがある。

その刑事は、世田谷一家殺人事件の帳場には、最初からはめ込まれた。その時は、第二方面所轄署（帳場が置かれた成城署は第三方面）の粗暴犯担当巡査長だった。

「張り切ったね。お迎えがきたときには（帳場への呼び出し）取るものも取りあえず、すっ飛んでいったもんだ。組織捜査だといっても、それはそうなんだけど、それでも功名心というのはあるからね。アッと言わせてみたいわけだな。いや、世間にじゃなく、その、組織にだよ。世間というのは、自分たちがどんな捜査をしているかなんかは、知らないでしょ？　知る必要もないけどね。だから、〇〇（この刑事の本名）という刑事がその大きな事件のホシを挙げた、なんていうことは全然関係ないし、興味もない。（興味が）あるのは、組織ですよ。そりゃね、（同僚刑事は）ライバル心剝き出しだよ。（常に上位から）頭ごなしに押さえられているからだろうな、あれは。自分らの階級はね、特にそうだな。自分らは階級社会ですから」

事件が起きた当初、この刑事は、闊達《かったつ》だった。その行動も、また、物言いも、である。そして、こちらが小躍りするような情報をチラリと漏らしてくれた。その情報とは、例えば、世田谷の事件と大阪の事件との接点であるとか、現場遺留品の指紋についての情報だった。あの時もいわく階級社会からのプレッシャーを感じていたのか。あの時も、今もこの人の横顔からは何も読み取れない。

「わかる？　発散。つまり自分たちの活動も、もしかしたらあげたかもしれない手柄も、誰も認めてくれないし、それこそ拍手喝采なんてしてくれるわけでもない。当たり前のこと。自分たちは外部に一切誰が何をやっているか、知られちゃいないんだから。

するると、どんなストレスになるか、どんなストレスを生むか、といった方が分かり易いかな、とにかくこれはとんでもないストレスなんだよな。それを悪いが、あんたたちに発散していたところもあるんだな」

要するに、ちょっとしたタブーを犯すことで、閉塞された階級社会に孔《あな》を開けた、ということなのか。

気になったのは、この人がこの時不意に言った、〝あんたたち〟という二人称複数の人称代名詞だった。たち、ということは、この人をネタ元にしていたメディア関係者が複数人いた、ということである。あの時も、この人から有力な情報を聞き込んでいたメディアの人間が何人か存在したのか。

「特に自暴自棄になっていたわけではないんだけれども、やっぱり息苦しいよ、あの世界は。特に、帳場はね。帳場っていうのは、ただでさえ世の中の仕事場よりもしばりがきつい警察でも、さらに、その十倍も（しばりが）きっついからね。もう息苦しくて酸欠状態なんだ。こいつは、誰にもわかってもらえるもんじゃない。人はたくさんいるけれど、あの世界は孤独なんだな。満員電車みたいなものでね、満員電車はそうだろう？　人だけはぎっしりいるけれど、そこには何の連帯感も共通の意識もない、あの組織というのはまさにそれ。住んでいて感じるその息苦しさというのは、並外れているんだ。特に帳場はそうだが、さらにあの時の、そう、成城（署）はその濃度が濃かったなあ」

息苦しさから逃れようと、帳場からすぐに外に出ようとする、そんな毎日だったという。

「なかなかね、そうは問屋が卸さない。こちらは必死だからね、苦笑なんか出ない。必死で（帳場から）出て行く作戦を練るわけ。最初は勢い込んでいたのに、時間が経つにしたがって、帳場にいることが嫌になってしもうた」

これで事件捜査への情熱がかき立てられるわけはない。それでも、刑事である以上、帳場にいる、という自負は頭の片隅にありはした。

「だからといって、犯人に迫るにはどうしたらいいか、とはだんだん考えなくなってきた」

この元刑事の闊達さが時間を経るごとに削れていったのには、こんな事情があった。もっとも、これを事情というべきか。確かに、警察という組織は、階級社会の典型であることに異論を差し挟む余地はないだろうし、実際、彼らはいつだってひとつ上の階級から常に頭を押さえられている。だからこそ、組織内をアッと言わせるような功名を成し遂げたいと強く望むのかもしれない。

「となるとだな、帳場にいても事件の大本というか、本質的なところはついつい頭から離れていってしまうんだな。そもそも部分的なところしか持たされないものだから、大本を忘れてしまうことになるのは無理ないんだけれども、自分が言う立場にないけれども、これは大きな事件捜査にとっては致命的な欠陥になるよ。自分はあの事件で初めて大きな事件の帳場に放り込まれたのだけれども、それでよくわかった。時に自分が何の捜査をしているのか判らなくなるときがあるんだ。こういう言葉を使いたくないんだけども、あの時の自分たちは捜査の末端というかボトムにいるんだ。そこにいる人が大半なんだけれどもね、そこでウヨウヨいる刑事たちは、実は、そのほとんどが自分と同じ感情というか思いを抱いていたはずなんだ。大部屋でたまたま隣になった奴に、『お前、何の捜査やっているかわかってる?』、とは訊いたことはないけれど、まあ、訊けないわな、それでも、もし、訊いたとして、そうしたら、十中八九、『判ってねえ』、という答えが来ると思う」

大所帯の事件捜査の難しさというのが浮き彫りにされる。大きな帳場の場合、一人一人の刑事の役目は小さく、行動範囲もまた、狭まってくる。個々の刑事の仕事をより綿密に深めてもらう、という思いが捜査本部の上層部にはあるのだろう。これは言葉を換えていうならば、それぞれの刑事を機械化させることになる。

仮に世田谷一家殺人事件の捜査が誤った方向性に行ったとするならば、素因はここにある。

「帳場からの指示が迷走していたことは事実。ただ、そう言ってしまえば身も蓋もない、それだけのことになってしまう。そこをあえてフォローすると、指示のしようがなかったんだよ。確かに、あの事件は、それまでにはない犯人像なんだ」

そしてこう付け加えた。

「遺留品は、それこそ山になってあったけれど、実はそれらは、犯人像を絞り込む、事件を絞り込むためにはないものに等しかったんだ」

これは極めて重大かつ重要な分析である。

帳場は、当時も今も、この分析を綿密に、そして具体的にしたのか、しなかったのか。ピラミッド構造をなしている警察組織とそのミニチュアである帳場において、その大半は個々の刑事たちである。彼らは日夜迫られる個別の業務を通して、〝分析〟をしている。それも身体を通じてしている。その反面、彼らの上に立つ、階級上位者はどれだけの割合でこの分析をしていたか。推《お》して知るべし、という月並みな表現は誰もがしたくないはずだ。

第二章

日本人は緩んでいる

異邦人の告白

そのベトナム人は、恬淡《てんたん》と話す。いつだってそうだ。表情も変えない。邦人と比べてやや黒い程度の肌色の皮膚も、感情くらいではその色彩を変えない。この人物に限らずベトナム人は常に冷静な民族なのかもしれない。

かつてこの人物は、邦人貿易商から紹介してもらって会っている。取材に対しても物怖じすることもなく、無表情で対応した。

《「彼が例の研修生です。日本語は一切喋ることができません。だから、私が間に入っていなければ彼へのインタビューはできません」》

（『世田谷一家殺人事件　侵入者たちの告白』第4章　メンバーとの接触　より）

こう言って、有力なベトナムの同胞を実際に取材の場に連れてきて紹介したりしている。

彼は今でも、日本に留まり、日越貿易の一端を担っている。当時、二十代半ばだったから、今では四十歳を過ぎているはずだ。しかし、見てくれは変わりない。日本とベトナムとの経済的架け橋となっている青年実業家としての顔は崩れていない。

「日本におけるベトナム人の立ち位置は、あの時より悪くなっているんじゃないかと思います」

こう話を切り出した。

「ということは、ですね、（ベトナム人による）犯罪は（日本で）増えている、ということです。凶悪になっているかどうかは判らないけれど、乱暴な犯罪は確かに増えているのです」

彼はその実態を実はかなり詳しくつかんでいるのだろう。それでも具体的なことは決して口にしなかった。ベトナム人の犯罪は二〇一八年には、中国人を上回って最多となった（警察庁統計による）。来日している人数は圧倒的に中国人の方が多いにもかかわらず、この結果なのである。

来日ベトナム人でも留学生、技能実習生が犯罪を犯す。窃盗から始まって、やがては傷害、そして殺人。目的はいうまでもなく、カネ、だ。

とうとうと話すベトナム人の彼を見ているうち、ああ、この人から紹介されたのも技能実習生だったな、と思い出した。北海道釧路の太平洋炭砿や、長崎の松島炭砿にきていた実習生たち、その一人だった。暗く空気の淀んだ炭砿から逃げ出したのだ。紹介された若いベトナム実習生は、この実業家を頼り切っていた。実業家の前では何でも話した。

「ああ、あの時の実習生ですか、もう私のところにはいません。炭砿を逃げ出して、すぐに私を頼ってきたので助けるつもりで働いてもらったんだけれど、やがて、いなくなってしまいました」

そのようなベトナム人は多いのだろうか？

「本当に多くなりましたね」

眉毛ひとつ動かさずにこう言う。異国に暮らす若い同胞たちの芳しくない動向も感動を呼び起こさないようである。それでも別れ際に彼はこんなことを口走った。

「誰がすくい上げてくれるんですか？　この国の」

誰に言ったとも知れない反問らしき言葉に返す答えは見つからない。事件から二十年が経って、この国の異邦人の居場所は確かに変わってきている。どのように変わったのか。それはわからない。

ベトナム人の場合とまるで異なるのが、中国人のそれである。

その中国人は、三十代半ばである。彼には大きな事件に関与し、懲役刑に処された仲間がいる。

「私はあの事件の実行犯とは大学時代とても親しかった。特に親しかったのは、手引きした奴」

二〇〇二年に発生した、大分夫婦殺人事件は、犯人すべて（五人）が挙がっている。犯人全員、中国、韓国からの留学生である。

大分夫婦殺傷事件は、二〇〇二年に大分県速見郡山香町（現・杵築市）で起こった中国人及び韓国人留学生らによる強盗殺傷事件である。

別府大学の留学生、元留学生であった中国人X（当時、二十三歳）、Y（十九歳）、A（二十三歳）、B（二十一歳）と韓国人C（二十六歳）の五名は共謀し、留学生の身元保証人の建設会社社長（七十三歳）から現金やキャッシュカードを盗み、監禁して暗証番号を聞き出そうと計画。二〇〇二年一月十八日未明、五名が被害者夫婦宅に押し入り、二階で寝ていた妻を脅して腹部等を刺して一ヶ月の大けがを負わせ、妻を助けようと二階に上がってきた夫を刺し身包丁で刺殺した。その後、Y、A、Cの三名が大分県警に逮捕されたが、主犯格XとBの二名は中国へ出国したため、大分県警が国際刑事警察機構を通じ、国際手配した。

殺害された夫は中国の学校で学んだことがあり、帰国後、「恩返しに」と留学生たちの面倒を見るようになった。建設会社を営むかたわら、多くの留学生の身元保証人になり、アルバイト先を紹介した。留学生から「日本のお父さん」と慕われてきた人物であった。

また、YとBは、二〇〇一年十二月に大阪府大阪市北区のホテルにて、風俗店勤務の女性（三十五歳）を刺殺し（曾根崎風俗嬢殺人事件）、キャッシュカードを奪った強盗殺人事件にもかかわっていた。

このうち、二人は、すでに重大な罪を犯していた。残る三人は大分の事件のあと、ほどなく捕まった。


「私もあの事件（大分の事件）に、（犯人の）中の一人から、誘われた。さすがに参加は断った。中国で裁かれた二人を除いて、彼らは、今、みんな出てきて（出所して）いる。私はその中の一人と連絡しているし、時には会う」

大分の事件は、日本人にとってはいささか酷過《むご》ぎた。はるばる中国から学びに日本にやってきた留学生。安くもない授業料を払い込んでまで日本の大学での学びを選んだ彼らがしたことは、恩人殺しだった。不慣れな日本で勉強をする彼らを我が子のように扱ってくれた恩人をカネ欲しさに殺してしまうという救いのない事件である。

この事件とさらにその直前に起きた凄惨な殺人事件と世田谷一家殺人事件とは極めて密接な関係があった。密接な関係というより、世田谷一家殺人事件に関与した男は大分の事件の主犯だった。

その男は、大分事件当時二十一歳。その後、二〇一三年に母国中国で捕らえられる。日本と中国の間には、引渡条約がない。

その男に対しては、手も足も出ない日本の捜査、司法当局は、中国に対して、日本での事件を裁判において考慮してくれるように懇願した。が、中国内での判決は、十五年と出された。日本国内での大分事件の実行犯たちの判決もまた十五年。残忍極まる殺人事件にもかかわらず少なすぎる量刑ではないか指摘された。その男にいたっては、大分事件の直前にもうひとつ惨殺事件を起こしている。

さらに、その一年前に、世田谷一家殺人事件に関与していたのだ。いかに中国内での裁判といえどこれは納得のいかない判決としか言い様がない。

「肝心なのは、日本はとてもとても緩んでいるということだ。彼らはたとえ恩人であっても緩んだ日本人であれば、そしてカネのためであれば躊躇《ためら》いなく殺してしまう。緩んだ者を殺すことには大きな躊躇いはないのが、中国人だ。日本人はそうしたことを、そんな肝心なことを知らなすぎる」

大分事件に勧誘されたというその中国人はそういう。

緩んでいる。留学生はその間隙《かんげき》を突いてきた。恐らくこれは、捜査全体についても言えることなのだろう。

緩んでいる、というのはとても難しい表現である。何度も聞き直すが、それでもやっぱり、緩んでいる、としか言わない。時に、slack（ゆるい、だらけた）という英単語を差し挟む。何がどう緩んでいるのか、明確に判らない。中国からの留学生は、カネのために緩んでしまった日本人を殺すことに躊躇しないという。カネのため、というのは判るが、そこに緩んだ日本人ということとなると、頭の上にいくつも〝？〟マークが並んでしまう。中国人は、緩んだ日本人の何を憎むのか。それとも憎悪ではないのか？ それでも、大分事件の場合などは、恩人なのだ。そこに憎悪は湧き出すのか？ 憎悪でなければ何か？ 軽蔑か？

「緩んだ者は中国ではやがて滅ぼされてしまう」

その中国人は重ねて言う。

いうまでもないことだが、犯罪者に犯した犯罪についての言い分の隙はまったくありはしない。ただ、この中国人の話には、彼らが何故日本で犯罪を犯すのか、それも極めて凶悪である、ということについてのヒントは隠されていそうである。この点は、例えば捜査においても、また、住民の心構えという点でも知っておくべきことではないか。

中国は侵略↓定着↓繁栄↓滅亡の繰り返しである。それはあたかも自動車のエンジンのようである。吸入↓圧縮↓爆発↓排気。エンジンの方はこのリフレインで身体を大きくするようなことはないが、中国の場合は、夥《おびただ》しい回数の繰り返しで国家の体軀《たいく》はすこぶる強固にそして大きくなった。常に緩んだ者が寝首をかかれることになっている。

日本にやってきた二十歳過ぎの若造たちと中国四〇〇〇年の歴史とを並べて、あれこれいうこと自体、せせら笑われることかもしれない。しかし、その若者たちにも厳然と中国（人）の血は流れているのだ。一概に無縁とは言い切れない。

先の中国人は、「緩んだ者は滅ぼされる」ととても示唆に富んだことを言っている。日本人は緩んだから被害者になったのか、あるいは、緩んでいたから狙われたのか、いずれにしても中国人は日本及び日本人をターゲットにしたのだ。

何もかもが緩んでしまった、の意味

それにしても、この、緩んでいる、という表現は気になる。二〇〇〇年に入って日本は一気に緩んだのではないだろうか。物理的にもまた精神的にも、である。緩んだ紐は元に戻ることができない。すべて緩んだ寸法に合わせてしまうのだ。

世田谷一家殺人事件は、未解決事件の最たるものだが、それまでの未解決事件とは明らかに性質が異なる。今でも語られる戦後の未解決事件といえば、三億円事件（一九六八年）、グリコ・森永事件（一九八四年）、赤報隊事件（一九八七年）であろう。これらの事件の性質と世田谷一家殺人事件とは明らかに事件の性質は異なる。二〇〇〇年移行の未解決事件は、板橋資産家夫婦放火・殺人事件（二〇〇九年）、歌舞伎町ビル火災事件（二〇〇一年）が挙げられる。

元警視庁捜査一課刑事だった人物は言う。

「世田谷一家殺人事件にしても板橋の事件にしても、歌舞伎町もそう、計画性は一切ない。こういうのは、事件としては実は一番挙げやすい」

捜査当局としては、事件の性質が変わってしまったから、検挙できません、は、通用しないことは百も承知であろう。元捜査一課刑事によると事件の性質はむしろ検挙しやすい方に変わっているのだ。中国人がいうところの、緩んでいる、というのが捜査当局にまで蔓延しているのか？　仮にそうだとしても、当の中国人たちはそこまで見抜いていたかどうかは疑問である。

「私たち中国人だけじゃない、日本にやってきた外国人というのは、やはり神経が過敏になっている。やってきた国が緩んでいるかそうじゃないかはたちどころに見抜いてしまいます。そういう感性はいやでも磨かれている。祖国を飛び出し、学生とは言っても異国で暮らすのだからそれはそうならざるを得ません」

彼らの感性はやはり信ずるに足ると見ていいようだ。

大分事件に話を戻すと、犯行グループは五人だった。この五人は、主犯格の二人による選抜だった。先の中国人も、主犯格の一人に声をかけられ、犯行グループに誘われた。スカウトされたのだ。

「私はとりたてて犯罪への指向性があったわけじゃないですがね、まあいい、誘われたことは事実ですから。その時に、主犯格の二人が盛んに、〝日本人は緩んでいる〟、と言っていたのです」

主犯格の二人は、その時、日本にやって来て、数年経っている。その間、じっくりと日本を眺め回していたのだ。そして、緩んでいる日本を捉えた。

大分の事件は、事件として解決はしたが、その内容はいかにも杜撰《ずさん》極まるものだった。せいぜい現場の下見を数回した程度で、犯行グループのつながりも希薄で、いかにもやっつけ仕事といったものだった。

大分の事件を捜査した大分県警捜査一課の元刑事はこういう。

「事件としては単純だったですね。犯人はすぐに浮かび上がってきましたしね。ただ、（事件後）すぐにちりぢりなって逃げてしまったのがこちらにマイナス点がつく要因になったんですがね。ええ、事件としてはごくごく単純なものでした。動機も、カネ、それだけです」

まさしく二〇〇〇年以降の犯罪の典型的パターンだった。彼は続ける。

「古い話をして恐縮だけど、三億円事件などは、念入りな計画があったはずなんだ。・年以上計画を練った挙げ句の犯行だったと思う。あの事件は、今から五十二年も前の事件です。自分が交番勤務に入ったときに起きた事件です。(三億円事件は)カネ目的の事件でしょう？グリコ・森永事件にしても、あれはうちの会社(警視庁)はあまり関与しなかったけれど、あれだってカネ目的でしょう。犯人の目的は、三億円もグリ森も、世田谷一家殺人事件やその大分の事件と同じじゃないですか？　しかし、決定的に違うのは、事件の性質、特に計画性の部分でしょう」

世田谷一家殺人事件に深く関与した中国人は、その一年後、大阪に出没し、残忍な風俗嬢殺し事件を起こす。世田谷一家殺人事件と手口は同じだ。刃物を使って切り裂く。まともな感覚では到底なしえない。

「無残なもんや。ワシもたくさんの現場を踏んできたが、あれはひどい方の五指に入っとるな」

その元大阪府警の刑事は感慨深げにそう言った。

従前取材したときと変わらず、その刑事は、事件のひどさについて顔をしかめて語った。

その時は、続けて、大分の事件（恩人殺し）と大阪の事件（風俗嬢殺し）が、合同捜査になることを教えてくれた。ほどなくこの合同捜査が、世田谷一家殺人事件に直結する。極めて重大な捜査情報を提供してくれたのも、この刑事だった。この刑事については前書にこう記している。

《二〇〇一年の二月に入って、しばらくしたときだった。仰天するようなニュースが、知り合いの刑事から入ってきた。警視庁捜査一課の万年〝ジュンチョウ（巡査長）〟刑事である。もともと下町界隈の交番勤務だったところ、ある有名な誘拐事件でちょっとした活躍をして、幹部から本庁の刑事職に推挽《すいばん》され、機動捜査隊などを経て、捜査一課に放り込まれた人物である。》

（『世田谷一家殺人事件　侵入者たちの告白』第7章　犯罪ネットワーク　より）

「世田谷のことは、知らん。わしらには関係ないこっちゃ。けどな、あれを挙げられないいうんは、そりゃ、警視庁としては歯噛みもんやろ、こっちはよそから聞くばかりやからなんにもわからんけどな、無責任なことや」

大阪風俗嬢殺しは、世田谷一家殺人事件と複雑な線で結ばれている。このベテラン刑事はそのことを知っている。

「それでもな、世田谷はうちとは関係ないんや。あの時の曾根崎の事件（風俗嬢殺し）の××（中国人）はうちにとっては、曾根崎の事件だけや。大分のこと（恩人殺し）も、世田谷のことも関係あらへん。そこんとこはあんたたちも気いつけんといかんで」

時間の経過は、確かにすべてを押し流していく。

「殺された風俗嬢、可哀想なことやったな、ほんまに。わしらはようわからんけど、あの女の子は、例の大阪地検の公安検事本人と関係あったわけやろ？（前述）あてがったのは、チンピラやったな、れっきとした構成員やったがな。そいつのことをずっと匿《かくま》った連中がいるちゅうことや」

聞き捨てならない話である。しかし、それ以上のことはこの刑事は決して口にしなかった。挙げ句は、「冗談かて迂闊《うかつ》に言うてられへんな」、とお茶を濁してしまった。しかし、その顔は、うっかり口を滑らせてしまったことへの後悔がハッキリと表れていた。これ以上、この刑事がこの件について口にすることはないだろう。もはや、謎というしかない。ただ、すっかり口を噤《つぐ》んでしまったこの刑事は、まるで結びのようにこう一言口にした。

「なんと言ってええか判らんが、何もかもが緩んでしまった感じやな」

〝何もかもが緩んでしまった〟

ここでも、緩む、か。判じものか何かのようである。世田谷一家殺人事件は、始まりだったのか、あるいは終わりだったのか。

警察組織の本質を衝く元刑事の告白

もう一人世田谷一家殺人事件で人生の転換をやむなく迫られた元刑事がいる。

その人は、今、西武新宿線下落合駅からほどないワンルームマンションに住んでいる。普段、何もしていない。生活保護を受けている。元妻と娘さんは、大阪府下に住んでいる。年に二、三度会いに行く。

「(事件に)ずいぶん迫ったんだけど、一切受け入れてもらえなかった。アホらしなった」

しばしば、関西訛りが入る。大阪生まれ、大阪育ちなのだ。「刑事になるんやったら、やっぱり、警視庁。大阪府警かて、かなわん、思うてました」

それで、晴れて警視庁に採用、しばらく機動捜査隊にいたが、臨場が速い、いうことで、目えかけられましたんや。刑事にならんか、って。それは、機捜(機動捜査隊)の上司やなく、城東署の部長(刑事)でした。まあ、自分の警察官時代の唯一の恩人ですわ」

刑事登用の試験にパス、一番最初の配属先は、第9方面八王子署だった。「機捜時代のように、当番非番関係なく、（管内で）何か起きたら一番に飛んで行ったんですわ。（刑事）課長からは、鉄砲玉、言われました」

そのあと、いくつかの所轄警察署を転属したあと、第4方面高井戸署に転属になった。その時に、世田谷一家殺人事件が発生した。彼は、その時、部長刑事になっていた。彼の警察人生、唯一の恩人と同じ階級にまでなったのだ。

「まあ、順調やったですね。可もなく不可もなく、かもしれないけど。自分にとってもまあまあ満足いく道のりでしたわ。道のりってそんな大げさなもんやないかもしれへんけど。そやけど、それからや……」。遠くにぼんやりとした目を向ける。あの頃が一番よかったなあ、というあの懐かしさが伴った眼だ。目の前の彼は野球帽をかぶっている。ホールインワンをした知り合いの知り合いから回り廻って彼のもとにたどり着いた帽子だという。時折その野球帽を取っては髪をかき上げる。髪の毛は長い。「散髪には滅多に行かないんですわ」、と照れも衒いもなく真面目な顔をして言う。

彼の警察人生は、世田谷一家殺人事件で、まるで折れるはずがないと思っていたシラカシの櫓《ろ》が何かのはずみでポキリとなってしまったようなことになってしまった。

「（現場）一番乗りは、自分の唯一の存在証明やったんです。だからって、それが何？　言われれば、なんでもないんやけど、それでも捜査に関してはそれで自分なりにやる気を鼓舞させているちゅうかな、上によく見られようなんて気持ちでやっていたんやないんです」

警察組織もそれほど単純ではないだろう。そのことは本人も理解していた。

「刑事に登用されてからも、自分は一番乗りを続けましてん。まあ、管内ですが、当然やな。それで、世田谷（一家殺人事件）や」

もちろん、成城署は管内ではない。隣だ。ところが、早耳の彼はその事件の第一報を聞き逃さなかった。

「震えるような気持ちになった。そのことは今でも憶えております。とんでもない事件がとんでもないときに起こりよった、遠く伊豆諸島でも（伊豆諸島は第1方面）行かなアカン、と思いました。大きな事件への予感があった。その時は、もちろん事件発生の第一報だけでどんな事件なのかはなんにもわかりません。それでも、大きな事件への予感がひしひしと湧いてきた」

その時彼は、年末ののんびりした雰囲気の署内で無聊《ぶりょう》をもてあましていた。

「そんなもんでっせ、年末なんていうもんは」

第3方面で事件発生の一報。彼は、動かない署内からこっそり抜け出す。高井戸署と成城署は方面こそ違うが、隣接している。そして、聞いていた現場に向かう。彼が通勤に使っているバイクをフルスピードで駆使した。

「機捜と一番乗りを競り合ったで」

方面と所轄。各警察本部だけでなく警察という機構は縦割りというセクショナリズムという見えない壁が幾重にも重なり合って佇立《ちょりつ》している。この徹底的な縦割りのシステムが捜査そのものに大きな影響を与えていることは否めない。与える影響がいいか悪いかはそれこそ警察の機構そのものが判断することとだろう。

あるベテラン捜査員が、「いつだって狭い箱に押し込められているんだよ、俺たちの動ける範囲は、その小さな箱の中だけ」、と言っていた。警察官の象徴的な言い分である。

機動捜査隊は、現場の保持が第一義だから、世田谷一家殺人事件の場合、一番乗りであっても、その現場となったあの家の中には入れない。彼に至っては、一番乗りを競い合ったとしても、機動捜査隊が立ち入り禁止のテープを張るその中にも入れない。ただ、現場付近に、警察官として一番にやってきた、というだけに過ぎない。

「現実はそうなんやが、刑事の本性が自分にとっては、この現場一番乗りなんや。これは本性やからどうにもならん」

現場に来たとき彼の職業的興奮は、ピークに達していた。

「この目の前にある家の中では想像もつかんようなとんでもないことが起きている。これは見ておかな、自分の刑事人生、一生後悔する、そう思うたんや」

彼は、そのまま本能のおもむくままのように、機動捜査隊の制止も振り払うようにテープを越えてあの家に近づく。そしてドアを開けようとしたとき、本庁と成城署の刑事の一群がすさまじい勢いで突進してきた。

「なにをしている！」

怒号が沈黙を切り裂いた。それは反戦を主張する人物の居宅に土足で踏み込む憲兵のような言い方だった。

「お前はなんだ？」

「ああ、そうやった。自分は、まったくよそものやった、とその時、ハッキリとわからせられたんですわ、その声で。当たり前のことやったんですがね、そのことがすぐにのみ込めへんかった。臨場一番（乗り）、いうんは、自分の本性なんでね。本性を否定されたら、刑事やってることがそのままオレを否定されるっていうことになるちゅうか、グラつくんですわ。実際にその時、グラつきました。『お前はなんだ』ってね。いくら顔は知らん、いうても、それはないやろ、そうやろ？」

この件は、後日、捜査本部で問題になった。

「つまらんことのように思うでしょ？　実際、つまらんことなんですわ、それでも、問題になるんやな、警察ちゅうところは。高井戸（署）の係長も帳場に行きましたわ。どうして関係もない所轄の部長（刑事）が臨場してきたんだ、ってことで、そのわけを聞かせろ、ということやったんですな。上司も知ってて自分を現場に行かせたんやないか、ってことですわ。他人が聞くとホント、アホらしい、ってことになるんだろうけど、自分にとってはどうしても忘れられないことになった」

そんなことに拘泥《こうでい》して、挙げ句、規律違反だ、処分だ、というようなことになったとき、彼は、あれほど願った上で就いた刑事という職業に、頭の上に「?」マークが無数に就《つ》いたという。

「あんたさんのかつて出した本のことと同じや。ゴメンな、つい引き合いに出してしもうた」

『世田谷一家殺人事件　侵入者たちの告白』について彼は言っているのだ。

「あれかて、あんなにまで言わんでもええことやないか。それより、はよ、犯人捕まえてこいや、世間は思うやろ。言っちゃ悪いが、出された本で何書かれようが、捜査に影響与えるなんてことはあらへん。自分たちかて、〝ふん、そんなこともあるんかいな〟、っていう程度のこっちゃ。ゴメンな、でも、実際そうなんや。捜査に悪影響与えるって、あん時は、捜査一課長が声高に発表しとったが、そんなのなんにもあらへん。あるとしたらや、自分ら現場への志気の問題や。〝なんで、こんなジャーナリスト風情がこんなこと知っとんの?〟から始まって、〝帳場の上のもんがこのジャーナリストに情報流したんちゃうか〟とか、〝なんで、オレたち現場のものにはなにひとつ知らせへんのや〟、っていう疑心暗鬼になってくるんやわ。こうした悪影響ってことやわ」

実際、本が出たときから、帳場では、それぞれの上司に（例えば班長）、『これ、本当ですか？』、と詰め寄るような場面がたびたび起きたという。

「帳場の一員やない自分たちだって、そうだったんや。そやけど、高井戸（署）は、成城の隣やさかいな。時には臨時で帳場には借り出される、まんざら、まったく無関係ちゅうわけでもあらへんかった。そういう中途半端な立ち位置も自分にとってはよくなかったんやろな。ただな、帳場の連中はもっと切実やったろ。で、（現場から突き上げられる）係長や班長は答えに窮する、まあ、そういうんは悪影響ですわな」

そう言いながら、彼は、一人、ふんふんとうなづく。その横顔は石に刻まれたような皺が幾本もある。

「なかには、本の中に出てくる刑事一人ひとりについて、〝これは、どこどこの誰々だろう〟などと囁かれるようになる。今のように、ほらＴｗｉｔｔｅｒやＬＩＮＥ、Ｆａｃｅｂｏｏｋなどまだないからな（本が刊行されたのは、二〇〇六年六月。Ｔｗｉｔｔｅｒが、我が国において普及、定着するのは二〇〇九年以降。ＬＩＮＥは同じく二〇一一年以降である）、囁くたって、オフラインや。上司にはすぐに耳に届いてしまう。こんなことが重なったんで、捜査一課長（当時は、光真章氏）が記者会見したんやろ、あれ、本が出て一ヶ月くらいしてからやろ？（光真捜査一課長の本に対する記者会見は、彼の記憶通り、刊行一ヶ月後だった）」

本の刊行は、事件発生六年後だった。捜査は沈静化して久しい時期だった。事実、捜査は全くといっていいほど進展していなかった。そこに、本の刊行ともなれば、現場の刑事たちには、悪影響だけを与えることになる。その苛立ちが、あの記者会見となった、と彼は見ている。

本のことで、彼の警察組織に対する意識はさらに離れていくことになる。

「正直、どうでもええこっちゃろ、ということですわ。なんで、あれほどの遺留品があって、犯人捕まえられないんや。『お前はなんだ』、と怒鳴ったお偉いさんの顔も名前も今でも覚えとる、忘れたいんやがな」

もう帰るところが見えなくなるくらいに、彼の意識は警察から遠ざかってしまう。一旦、港を離れた小舟は帰るところを失ってしまった。

「そうこうしているうちに、惰性で警察にいても仕方あらへんと思って、辞表を出しましたんや」

そのあとから今に至る短くない彼の人生についてのことは決して口にしない。そのことを他人が尋ねるのをその表情は固く拒むのだ。

「何故、あの事件（世田谷一家殺人事件）がいまだに解決せんのか、今はなんとなくわかったようなわからんような……。まあ、ええ、わかったところで、なんともなることやないし」

彼の言葉は次第に輪郭を失っていく、彼の姿も同じように雨に濡れた絵の具が画用紙の上で滲んでいくように、ボンヤリとしてくる。

現場に一番乗りすることを本性と言い、なにはさておき優先させていた血気盛んな刑事は、世田谷一家殺人事件の現場で上官から頭ごなしに存在理由を否定されてしまう。世田谷一家殺人事件の捜査が今でも進捗しないことと、彼に対する不意の叱責に顕《あらわ》れた警察組織の本質は果たして相関関係はあるのか。これもまた、彼と同じようにその輪郭はハッキリしない。

二〇〇四、五年のことである。代々木にあった薄暗い木造アパートの一室、それも四畳半に四人で暮らしていたベトナム人は、今や品川駅近くの高級マンションに居を構えるまでになっていた。

「つらい研修から逃げ出してしまったら最後、それからは犯罪に手を染めるしかないのです。

犯罪ネットワークに入って食いつないでいくしかないのです。私はなんとかその地獄から抜け出したが、そのまま、グループに居続けるしかない者も多数います。いや、その方が圧倒的に多い。それが現状です。ただ、グループで起きたことは、誰も口にしませんね。私も同じです」

このベトナム人は首尾よくグループから抜け出せたという。それだから、グループのことは口外無用を貫くことで、いわゆる仁義立てをしているのだろうか？

「仁義立ての意味がよくわからないのですが、たとえ判ったとしても、そうじゃありませんね。今の自分を大事にしたいだけです。いらない心配をしたくないだけです」

これだけでも、このベトナム人の日常が平穏そのものであることがわかる。今が平穏なだけにそれを崩壊させるわけにはいかない、二度とグループのことは語らない。記憶にすら留めていないように見えた。

世田谷一家殺人事件は緩みの境界線だったのであろうか？　世紀を跨《また》いだこの事件は、実は日本人を支えていた箍《たが》が緩むボーダーラインだったのではないか？

その二十年後、我が国だけでなく世界的規模でコロナ禍が蔓延した。これは、決して日本だけではないが、緩みの結果ではないのか。

日本でいえば、海外渡航者の急激な増加はコロナ禍の国内蔓延の素因になっている。海外旅行など当たり前、パスポートが必要なだけで国内旅行と何が違うのか。こんな意識が日本人のほとんどを占めるようになったのはいつの頃だったか。

グローバルという言葉がどこでも、誰でも言われたり、言うようになったのは、いつ頃からだったか？　もっともっとこういった類いの譬えは数えだしたらキリがない。

今のように、ネットでなんでも見ることができるようになったのはいつ頃からであろうか。ポルノなどは成年男子にとってかなりハードルが高い禁断のシロモノだったはずだ。専門の映画館でしかそれは覗くことができなかった。ところが、今はどうだろう。いつも手にしているスマホでかつて映画館でしか見ることができなかったシロモノよりも、何十倍も露骨な映像を見ることができる。それも無料で。満員電車の中でも簡単に見ることができるのだ。モラルも節度も何もあったものじゃない。

そういえば、お笑い芸人なる存在が、テレビを中心にして席巻し始めたのも、世紀が変わる前後からではなかったか。お笑い芸人なる存在が悪いとはもちろん言えない。しかし、彼らの存在はいかにも曖昧である。漫才師、落語家、我が国には長年、そういう紛うことなき芸人はいた。彼らは、まさしく芸人であって、芸で身を立てていた。お笑い芸人となると、芸人の名前はついているが、これは如何なるものか。テレビで垣間見るあれが芸なのか。いくら考えてもわからない。ただ、お笑い芸人は、日本においては浸透してしまった。緩むということはこのことではないだろうか。彼ら外国人留学生（当時）らが感じた、日本人の緩み、というのは何だったのか？

第三章

奇妙な外国人

闇に潜む男を追って、香港、澳門《マカオ》、深圳《しんせん》へ

二〇一九年の十二月半ば、香港にある人物を訪ねた。

香港は、大規模な民主化デモが連日行われている最中だった。驚いたことに、日本から香港に来ている人はほとんどいなかった。繁華街のカフェのストリートに面した大きなガラス窓は割られて、布のシートが蔽っていた。香港の持っている洗練された開放感は失われていた。

香港で一人、澳門で一人、そして、深圳で二人と会う。全員、日本でアレンジしてもらった。ただ、そこに行って会うだけという恵まれた取材ができた。

香港は、その時、閉鎖状態にあった香港大学のすぐ近くにある、日本料理屋でその男と会った。本当にわずかばかりの日本語と英語で話をした。

その店で頼んだちらし寿司には醤油の代わりに焼き肉のタレのようなものがかけられていた。決してマズくはない。ただ、違和感があるだけだ。慣れたらこちらの方を選ぶようにな

るのかもしれない。

「大分の事件と大阪の事件の主犯は私も知っている。それも、よく（知っている）、です。何度も話したことがある。彼から大分の事件に加わってくれないか、と請われたりもしました。彼はめったやたらに声かけていましたからね。事件起こす前から、犯人であることを宣伝していたようなものでした。けれど、私は加わらなかった。いくらカネに窮していても、です。ほとんどの人間は加わらなかったのですが、それでも五人は集まったわけですからね」

この男の知り合いは、中国人同士でいるときはとりわけ凶暴ではなかったという。

「一度だけ、韓国人の学生に向かって激高したことがあったね。何が原因だったかはもう忘れてしまったけど、何かものを使ってその韓国人を打ちのめしたことがあった。よくあれが事件にならなかったと思う。そのあとあんなひどい事件を次々と起こしているんだから、結局、あの事件は、彼にしてみたらたいしたことじゃなかったんだろうね」

凶暴性はどこかに秘めていたのかもしれない。

その男に、あえて尋ねてみた。

「あなたは日本にいましたね。その時、あなたは、日本人が緩んでいると感じましたか？」

この男は、しばらく考え込んでいた。日本語を選んでいるのかと思ったが、そうでもなかったようだ。緩んでいる、という言葉がわからなかったのか、とも考えられる。が、そういうことでもないようだった。おもむろに口を開いた。

「とてもガッカリしました、そのことでは」

どういうことなのか。

「日本人はカネを盗られるだけの存在になっていたような気がします。カネさえあればなんでもできると誰もが思い込んでいました。そういう人らからカネをむしり取るのはとても簡単なことです。カネに執着するあまり無防備になっているのです。儲かるぞ、といえば、いくらだってカネを出してくる。中国人は、そこはかなり警戒します。儲かるぞ、ホントか？じゃなく、目の前にカネを積め、そのカネを目の前で増やして見せたら、オレも（その話に）乗る、ということになる。目の前で儲けて見せないと中国人は信じませんね」

だから、日本人は緩んでいるのか。

この男の話は続く。

「中国人はお金に対して極めてシビアです。一元もムダもしない。カネのムダはわれわれ中国人にとっては罪なのです。ところが、日本人はどうですか？　カネの無駄についていて極めて寛容だ。まあ、いいか、ですか？　あの、まあ、いいか、がいつだって罷《まか》り通る。まあ、いい。これが今の日本人の共通した精神性です。彼（曾根崎風俗嬢殺し、大分事件の主犯）も、あの当時、盛んに、それは言っていた。日本人は、殺されそうになっても、殺されてしまっても、〝まあ、いいか〟、と言うだろう。緩んでいる、のは、そんな日本人のことを言っていたのだろうと思う」

なぜ、そんな日本に当時、ガッカリさせられたのか？

「精神性がどうのこうの、そういうことはどうでもいいのですが、そんな日本人は彼が言っていたように、躊躇《ちゅうちょ》なくやられます。中国人はそうなんだ。中国人のそんな犯罪者を増やしたくない、だから日本にはガッカリさせられたのです」

奇妙な理屈としか言いようのない話だが、この男は真剣にそれを話す。もしかしたら、この男だって、大分の事件に加わっていたかもしれないのである。加わるかどうかは、その時の気分次第だという。紙一重なのだ。それでも、もし、犯行に至ったとき、「気の緩んだ日本人」に対する思いは、恐らく大分事件の主犯と同じだろうと語る。それはあたかも中国人共通の意識のようである。

「そんな思いが共通かどうかはまったく判らない、ただ、意識そのものは中国人そのものだと思います。日本に行って実際に見たものは、同じように緩い日本を感じるし、そんな日本人からカネを奪い取ることへの罪悪感？　それはないと思う」

この男は、罪悪感という言葉を言うときに、一瞬言い淀んだ。それは、言葉自体が間違っていなかったか、確認するためだったのか、犯罪を起こす心理（それでも日本人に対して）を言葉にする後ろめたさのためにそうなったのか、一瞬のことで見分けがつかなかった。まさか、その真理を直接、この男に訊くわけにもいかない。

この男は、日本においてカネのために場合によっては、日本人を殺してまでそのような犯罪を犯す中国人（中国人だけではないかもしれないが）のものの見方、考え方を淡々と話している。これは、本人曰くあの事件から二十年が経過してもほとんど変わらないという。

「日本では、中国人に対する差別があることは知っています。私だって数年は日本で暮らしましたからね。肌で感じる、ってやつです。それと、私たち中国人が感じる日本の緩み、というのは全然関係ないことなんです。このことはハッキリ分けておかなければならないことです。私たちが差別されて、その恨みで（日本で）犯罪を犯す、というのはあり得ないことです。そんなのではないのです」

この男は、まるでアジるようにまくし立てる。

「緩んだ者を襲うのは、人間だけじゃなく動物ならば本能として持っているものです。勘違いしないで聞いて下さいね、日本は明らかに緩んでいたんです。今はあの時以上だったと思いますが。こればかりは、そこに行ってその空気を吸わなければ感じ取ることはできません。だから、今は判らない。モバイルやパソコンでわかるわけない。感覚ですから。想像はできますよ、（日本は）もっと緩んでいるんだろうな、ということは。きっとそうでしょう」

料理はすっかり平らげていた。長居しても店の人間がいやな顔ひとつしないのは、香港だからか。

「私は日本では犯罪を犯すようなことはありませんでした。けれど、犯罪を犯した連中やそれぞれを知っています。あの彼ね、ご存知でしょう？　中国で裁判あって、十五年の刑となりました。けれどね、彼はね、すぐにどこかに行かされました。いいえ、刑務所ではありません。私はそのことをよく知っているのです。日本の方はそのことをとても残念に思うでしょう。しかし、日本も中国もそれぞれ事情がある。それぞれの思うようには事は運びません。彼は、そのあと、姿を消してしまいました。どこにも姿を現すことはありません」

香港大学は急峻《きゅうしゅん》な坂道を上っていかないと校門に行き着けない。その門には、屈強そうな黒人の警備員がいて、部外者を追い払う。その坂道の麓に日本料理屋はある。

この男の話も結論に行き着けない。はじめから行き着けないものかもしれない。

このあとの香港は、コロナ禍で民主化デモは一時終戦状態になる。コロナ禍が沈静したら、たちまち民主化デモは復活した。当然である。コロナ禍沈静を待っていたように中国は（香港）国家安全（維持）法（案）を導入しようと画策する。無理強いである。一九九七年以来固く守られてきた、一国二制度が破壊され始める。香港では、半年ぶりに大規模なデモが発生する可能性が出てきた。

ところが、現状はと言えば、大規模デモは起きていないのだ。不発という状況になっている。

昨年のあの時の情熱はどこへ行った？

あの時の香港市民はどこかに移ってしまったのか？

在英ジャーナリストのさかいもとみさんは、あるネット上のレポートでコロナ禍のあとの香港の状態をこんな言葉で表している。

「現状を変えることができない無力感」、「お金にならない政治活動」。

このふたつの表現は、香港における現状と、昨年は迸《ほとばし》るかの如く満ちあふれていた情熱がどこかに消し飛んでしまった、その原因を端的に表している。

これなのだ、きっと。

世紀が変わる前後から日本に蔓延した、あの緩んでいる、という状態は。デモに集中できない香港人は、わずか半年で、緩んでしまった、のか。

一方の中国は、その間隙を見事に突いてきた。コロナ禍で一時休戦のガス抜きをして、それが明けようとしているときに間髪を入れず、国家安全法の導入を仕掛けてきた。香港人は、ガス抜きの間にすっかり骨抜きにされていたのかもしれない。

今でも日本にいる中国人が言っていた言葉を思い出さずにはおれない。

「緩んでいる者は容赦なく潰していく、中国はその歴史なんです」

事件の下地は歴史にある、ということなのか。

昨年十二月頃の香港は確かに街のキーポイントには、警官が立ち、緊張感は肌で感じることができた。日本ではそのようなことがまったくないだけに余計に奇異に感じられたものである。おカネにならないというだけでたぎるような情熱が醒めるものだろうか。

この疑問には、世紀が変わる頃の日本がきちんと証明している。

特筆すべきことは、そのことを当時、日本にいた中国人たちはしっかりと認識してきたのではないか、ということだ。認識していなかったのは、当の日本人だったのではないか。そして、今でもこの有り様は変わらない。

何故変わらないのか。それはわからない。このことを認識するのは日本人では無理である。かくして、日本における外国人犯罪は起き続け、その実態は悪い方にエスカレートしていくことだろう。

香港市内から一旦、香港国際エアポートに出てそこからバスに乗る。一時間半ほどで澳門に到着する。途中の海上を貫く長い橋脚からの風景は見事である。ちょうど夕暮れ時だった。真っ赤な落陽がこの世のものとは思えない。

「よく来たね、ここまで。何年ぶりか？」

十八年ぶり、と答えると、肩をすくめ唇をすぼめ、かすれた口笛のような音を出した。澳門の雑踏の中でもその長身は抜きん出ていた。ひょうひょうとした鷹揚さも、あのときのままだった。

「あの時はずいぶんと仲間のことを売ったもんだ、あんたに」

日本語はこなれたものである。何しろ十数年は日本にいたのだ。日本ではなんでもやった。もちろん、犯罪を含めてである。この人物は、今こそ、ここ澳門にいるが、韓国人である。世田谷一家殺人事件の真犯人から事件の模様をつまびらかに聞いたというふれこみで、大阪の在日韓国人の実業家から紹介された。この人物の深夜から払暁《ふつぎょう》の打ち明け話には強いショックを受けた。それは、犯人から犯行そのものについて聞いた、ということだった。詳しくは『世田谷一家殺人事件　侵入者たちの告白』第10章　二〇〇〇年一二月三〇日に書いている。

前書で、いわゆるクリミナル・グループについて、話を聞かせてくれた男たちがいた。彼らは、グループの実態や、あるいは、してきたことなどを詳しく話してくれた。話す義務などありはしないのに、微をうがち細にわたって話した（もちろん、それには理由があるのだが)。

大阪南港近くの払暁の誰もいない公園で、空が白むまで話し続けた。その様子は前書で綴った。

韓国人実業家のもとにいた二人の若者は、当時、いわゆるクリミナル・グループと接していた。そして、世田谷一家殺人事件の実行犯と名乗る男から、事件について聞いたとハッキリ言った。その衝撃は、立ちくらみがするくらいの強さだった。それはそうなのだ。その実行犯を名乗る男は自らの行為を詳しくグループ内で話していたというのだ(グループでは、各自が関わった犯罪の報告会をしていた)。

公園での彼らの告白は、いうまでもないことだが、こちらは一切の代償となるもの、あるいはもっと率直に言えば対価は払い込んでいない。ボス格にあった韓国人実業家の好意だけで成り立っていた。深夜から夜明けまでの長きに渡って、無償での告白を信じないわけにはいかなかった。前書はこの告白に基づくところが大きい。

一方、警察は私の前書について、事実とはまったく異なる、と発表した。それは、この告白による部分に対してが大半だった。要するに、世田谷一家殺人事件の記述である。

例えば、そもそも侵入経路からして事実と異なる、事件の初っぱなから事実と異なるのだから、つまりは全体がでたらめなのだ、という論旨である(警察は、侵入経路は、二階バスルームの窓から、とほぼ断定しているが、前書では、一階玄関とした）。

しかし、その侵入経路にしても警察内では、一階玄関という意見があって、いまだに主張する捜査官もいるのだ。

警察が、（前書は）いくら事実と違うと主張したところで（実際、警察は、ことごとく事実とはまったく異なる、と言っている）、果たして警察がきちんと事実なるものを把握しているのか、と反問したくなる。前書でもって提示した事柄が、事実とまったく違う、というのならば、その事実をつまびらかにすればいいのだ。そして、一刻も早く、事件を解決させればいいのではないか。

この告白で、筆者は、〝世田谷の事件は彼らの戦闘の狼煙、最大の打ち上げ花火だったのだ！〟（前書から引用）という、事件の位置づけともいえる重要な認識を得た。それはあくまで、認識ではあるが、事実とは断定でき得ない。

事実は、いうまでもなく真犯人しかわからない。

《なにしろ世田谷一家殺人事件の真犯人、実行犯と遭遇しているのだ。その際の犯行の模様を本人から聞いていた。真犯人、つまり実行犯という男が何もかも口からでまかせをいっていたという懸念はない。それは、秘密の暴露をその男がしているからだ。真犯人しか

知り得ないこと。それをこの韓国人の前に披露している。》

（『世田谷一家殺人事件　侵入者たちの告白』　第10章　二〇〇〇年一二月三〇日　より）

「犯行について、ほぼあの通りだとみて間違いないと思う」。幾人かの刑事は、否定しなかった。実際に、実行犯から（犯行の模様を）つまびらかに聞かされた韓国人のこの男は、「何一つ付け加えるようなことはしていないし、はしょったりもしていない。そんなことをするくらいならばはじめから何も話さない。しかも、あのときは、Kさん（この韓国人に知っていることを話せと命じた在日韓国人実業家）から、強制的に話せ、といわれていた。（話を）でっち上げられるわけもない。そんなことをしたら、たちまち、これ」

そう言って、舌を使って妙な音を出し、右手親指を喉笛のところに持って行きそのまま横に引いた。

「掟というほど大げさなものじゃないが、やっぱりそれなりに守らなくていけないことがある。生まれ育ったわけではない、よその国でやりたいように生きていくためにはそれなりの縛りはあるしね、守らなくてはいけないこともある。あんたも、もしここ（澳門）で生きていこうと考えたら、そのことをはっきり知るだろう」

それでは、ここでも同じように、〝掟〟に縛られて生きているのか？　尋ねてみた。

「もちろん、だよ。日本なんかよりももっともっと厳しい縛り。日本は、緩いね、緩い。甘っちょろい、ね」

緩い。日本は緩い。この男の言葉が頭の中を駆け巡る。ここでも、日本は緩い、を聞くとは思わなかった。外国人から見て、日本はあらゆる面において、緩んでいる、のか。それは、必然的に、ターゲットにされることを意味する。

「日本はとんでもなく緩くなっていると感じるね、本当に無防備。これは自分で自分の首を絞めている、そのことに気づいていないのも、また、日本人」

そう言って彼は、肩をすくめて両手を広げる。

グオ・シャオフェイという男

世田谷一家殺人事件が発生してから、今年（二〇二〇年）は二十年である。さりげなく事件は起きる。ただそれが二十年という節目を迎えたところで起きたというに過ぎない。

重大な情報が警視庁捜査一課の現役ベテラン刑事から寄せられた。

「非常に重大なことだ。それぞれ（の）刑事）に感じ方は違うのだろうが。俺は、重大だと思う、特に世田谷（事件）にとっては、だ」

仰天した。

事件そのものは昨年起きている。

昨年十月二十五日午前七時十五分頃のことである。大久保通りは、まだ車も歩行者もまばらである。あと一〇分もすれば、この量はぐっと多くなってくる。もちろん、陽は昇りきっている。ただ、その日は、多少曇っていた。この界隈は、新宿区といっても歓楽街でもなければ、高層ビルなども林立していない。商店街と住宅街が混在している。閑静とは言いがたいが、さりとて騒々しくもない。すぐ近くに都営大江戸線の牛込柳町の駅がある。その時間は、この駅が最寄りになっている成城中学・高校の詰め襟を着た生徒がときおり駅出口から出て来て学校に向かっている。

事件があった病院は、牛込柳町駅出口を挟んで成城中学・高校とは逆に位置している。中学生や高校生が凄惨な事件を見なくて済んだのは不幸中の幸いだった。

その病院は、Dクリニックという。病院の隣は寺である。寺はちょっとした墓地も有している。ちょうどその時間、同院理事長が車で登院してきた。車は、大久保通りからも病院脇の一方通行の側道からもどちらからも入れるようになっている。理事長は、いつものように側道から入ってきた。慣れたハンドルさばきで定位置に車を駐車する。必要なものを手にとって、車を降り立った。ドアを閉め、ロック。

その時――。

うしろくびに熱いものが走った。真っ赤に焼けた鉄串を打ち込まれたようだった。

「物盗りではない。怨恨でもない。（犯行の）理由はわからない。何もかもわからない。ガイシャは（犯人に）心当たりがない。もちろん、いきなり刺されるような動機など心当たりはない、あるはずがない。おびただしい血は流れた。それがこの事件の全貌」

牛込署の刑事は、こう言う。

「ああ、そういえば、残されていたよ、唯一の手がかりが。カメラが見ていたんだ、病院駐車場のカメラだ。結局、それが決め手になって（犯人は）上がった。まだ、確保していないけれどね」

一体何が目的の事件だったのか。犯人はわかったものの、その肝心なことは今もって全然わかっていないのだ。事件の詳細については、何にもわかってはいないのである。

さて、唯一わかった、犯人である。

その名前は、グオ・シャオフェイという。この男はベトナム系である。しかし、国籍は中国となっている。中国籍のベトナム人、三十三歳。

この男が何のために、いつ日本にやってきたのか、そのルーツをたどる。

グォは、実は日本で生まれている。そのことについて、当局は何も語らない。ただし、これは、極めて重大なインフォメーションである。

横浜市泉区に中規模の県営団地がある。ここは、人種のるつぼと言われている。それもそのはずである、驚くべきことに十一ヵ国ほどの国籍を有する外国人が住んでいるのだ。団地の外国人の割合は、四〇%近くにも上る。人種のるつぼにふさわしい陣容である。

この団地は、四十年前に開発されている。一九八〇年頃のことだ。ただ、当初から人種のるつぼであったわけではない。団地開設当初は、何の変哲もない中流サラリーマン世帯がそのほとんどを占める団地だった。団地の様相が変わり始めるのは、団地が開設されて十年以降である。

住人の多くは十年も経てば年功序列で勤めている会社での地位も上がる。家族もその人数が増えてくる。要は団地ではキャパシティーが間に合わなくなってくるのだ。まるで、蟹か蛇の脱皮のごとく、その住まいから出て行く。そのサイクルの最初の波が一九九〇年代前半から起きる。

平行する現象として、インドシナ難民（ベトナム・カンボジア・ラオスの三カ国）が我が国にかなりの数、入ってくる。一九七九年がピークで、実に三十九万人ものインドシナ難民が流入した。ボートピープルだの海外キャンプ滞在者などという言葉が巷にお盛んにあふれたのもこの頃である。

　この横浜の団地のような集合住宅でまとまった空きが出る、その一方でインドシナ難民を国ぐるみで受け入れる。ここに需要と供給のバランスが均衡を見せる。まるでジグソーパズルのピースが嵌《は》まるようにインドシナ難民は、この団地に入ってくる。やがて、定着する。確固たるポジションを確立する。そして、この横浜の団地は人種のるつぼになっていくのだ。何もマンハッタンまで足を伸ばさなくとも、MeltingPot（人種のるつぼ）は、日本でも瞥《べっ》見《けん》できるのだ。

　グオは兵庫県姫路市で生まれ、一年も経たずして、この横浜の団地に移ってきた。一九八八年頃である。正確な年数や月日はわからない。誰もが憶えてもいなければ、正確な年月日を記録する手立てもツールもないのだ。生まれは姫路、生後一年で横浜の団地に転ずる。この曖昧な経歴だけが存在する。

　生後一年の嬰児《えいじ》が一人自ら転居するはずもない。

　実は、この間に、親がすり替わった。中国人からベトナム人に、である。以降、グオは、ベトナム系中国人としての人生を歩む。

　実は姫路にも横浜の団地と同じような団地がある。その団地も人種のるつぼと化している。東西一つずつこのような団地がある。このことはそこに住んでいるか、あるいは近隣に住んでいない限り、おそらく知り得ないであろう。

横浜の団地といい、姫路の団地といい、横浜市、姫路市という政令指定都市にもかかわらず、最寄りの駅がない。意図的にそうしたのか、かつての住宅供給公社（現ＵＲ）が開発した団地の場合、そのようなケースは結構見られる。しかし、この二つの団地は違う。横浜の団地の方は前述のように県営、姫路の団地は（姫路）市営なのだ。最寄りの駅がない、というのは、団地にとっては大いなるハンディである。もっとも、そのような立地だからこそ、この二つの団地が、インドシナ難民の受け皿になったのかもしれない。

インドシナ難民を積極的に受け入れたのは、大平正芳政権だった。その際、神奈川県大和市と兵庫県姫路市に、それぞれ、大和（姫路）定住促進センター（財団法人アジア福祉教育財団が母体）という受け入れ施設をこしらえた。

横浜の団地、姫路の団地はこの施設と指呼の距離にある。受け入れ施設にいた難民は、やがて近くの団地にその居を移していった。

この時期にどうして国を挙げてインドシナ難民を受け入れるようになったのか、それはよくわからない。国際的な問題として日本もその尻馬に乗ったに過ぎないのかもしれない。それまで、今もそうだが、日本という国は難民問題に対しては消極的という表現にも満たないお寒い実態だった。そもそも受け入れ方さえおぼつかないような態勢だった。それだけに、いざ受け入れてみてもその管理というのは極めて杜撰だった。難民問題とは常に直面している欧米とは比べるべくもないお粗末な態勢だっただけに、杜撰なのは致し方ない。それでもその後、学習を積み重ねたのならばまだよかったのだろうが、それもなく、現在はほとんど実績すらないありさまである。八〇年代初頭に気まぐれでそれまでには経験のないような数の難民を受け入れたはいいが、それ以降は、そんなことはなかったかのような状態になっている。受け入れた難民がその後どのような人生を歩んでいるのか、この日本に定着したのか、あるいは、母国に帰っていったのか、子供ができたとしたら、どうなったのか、すべてが正確に把握されているわけではない。

なにしろ一万人の難民申請が一年の間にあるが、そのうち難民として認定される人は四十二人（平成三〇年）というのだ。

認定率〇・四％である。このような数字は先進国の中には見られない。そもそも難民を受け入れる気がないと見なされても返す言葉はないだろう。

あのときやってきた難民（正確には、やってきたインドネシア難民全員が正式に難民として見なされたわけではない。彼らを何と呼べばいいのだろうか）は、どのようになったのか、そのことを知るのは本人たちのみなのである。この実態は、考えてみると恐怖と表裏一体である。差別ではない。アイデンティティーを持たない人たちが一般の生活に肉薄しているのである。いうまでもなく（認定されているいないは別として）難民と呼ばれる人たちすべてが凶悪な犯罪者予備軍ということはない。ただ、犯罪に落ち込んでいく人もいることは容易に考えられる。アイデンティティーがないことがそこに落ち込んでいく歯止めをなくしているのは否めない。態勢も何もできていない、土壌すらないところに、気まぐれでまとまった人数のインドシナ難民を受け入れてしまったことが、禍根になったのは言うまでもないことだ。

この日本の場当たり的な政策によって生じた混沌《こんとん》の中でグオは生まれた。グオは、姫路の団地で生を享けている。親は、ベトナム人である。二親ともに、である。その一年後、横浜の団地に、グオだけが移転させられた。中国人の夫婦のもとに。中国人夫婦は、グオを買ったのだ。その日からグオは、血も親も捨てられてしまい、国籍は中国となった。

その頃、日本人はこぞって海外旅行に繰り出し始めた。日本人が緩くなっていく始まりである。その一方で、インドシナ難民を受け入れてたピークというのもなんともいえないアイロニーである。

それからのグオは、まさに断片的にしかとらえられない。学校に行ったのか、行ったとしたらどこに行ったのか。生後一年のグオを引き取った中国人夫妻は、奇妙なことにグオが十三歳以降、どこかに消えてしまっている。その行方は杳《よう》として知れないのだ。

一体その家に何が起きたのか。

グオを知る人間に日本人は少ない。だからといって、グオが日本のことを知らないというわけではない。グオは、日本のことを知りすぎるほど知っているのだ。

グオが新宿病院理事長襲撃事件で捜査線上に浮かび上がってきたのは、事件発生から五ヶ月近く経過してからである。牛込署の刑事は、「わからないことづくし」、などという始末で、初動捜査の頃はまるでお手上げの状態だったのだ。

今年に入って、事件現場である病院駐車場に据えられている防犯カメラの分析が進み、ようやくグオの存在が浮上した。

「(事件発生の時刻は)朝早いといっても明けていた。ただ、その日は、雨模様で厚い雲が出ていたな。そのおかげでいつもよりは暗かったがね」

カメラがとらえた犯行は、かなり明瞭だった。

生まれながらにして殺人マシンとして育成された

グオの生涯は、まだ、三十三年という短いものだが、数奇などという言葉では到底言い表すことができない。

「生まれながらにして、殺人鬼として育成される人間というのは確かにいるんだ。グオはその一人だ」

澳門で再開した韓国人はこともなげにそう言う。

十八年前にこの男に話を聞いたとき、このことを知っていたのか、尋ねた。

「あのときは、知らなかった。知っていたら（世田谷一家殺人事件について）もっと詳しく正確な情報をあんたに教えていた。（グオのことは）かなり後に知った。謝らなければいけないか？」

その必要などないことを伝えると、やや安心したような表情を見せた。この男に、取材に応じるように命じた在日韓国人の〝重石〟は、時が経っても強い影響を与えているようだ。日本における在日韓国人の強いコネクションの一辺を見たように感じた。

「日本にいると外国人はそれなりのネットワークを持たないと生きていけないわけだ。グオのような話は、それでもなかなか（ネットワークの中に）浸透しない。オレだって、グオのことはほんの欠片しか知らないからね」

この欠片をつないでいかなければならない。

グオは横浜の団地が故郷である。しかし、本当にここにいたのか。その痕跡はそう簡単には見つからない。

　グォには、親しくしていた友人はいなかったようだ。横浜の団地に今も住む中国人男性がいる。この男性は今、三十五歳だという。日本の別な場所で生まれ育った同胞の妻とここ横浜の団地に住んでいる。子供もいるということだが、その人数も年齢も口には出さない。この男性は、小学校に入る前に横浜の団地に来た。難民ではないが、両親とともに来た。やがて、日本に居住権を得る。両親は、訳あって母国中国に戻っていった。男性は残った。そして、この団地に住み続けている。

　この中国人男性は、グォのことを憶えている。正確に言えば、グォのあるひとつの出来事を憶えていた。

「私が知っているあのグォのことを言っているならば、そう、こんなことがあったよ。あれは、私が小学五年生の頃だった。グォ？　彼は、小学校に来ていなかった。そういう子供はけっこういるんです。難民の子なんかは、たいがい学校には行かなくなってしまう。行っても言葉のこととかあってうまく学べない。しかたないんだ」

　グォもそんな一人だった。ベトナム人の親の下に生まれ、一年ほどで中国人夫婦に引き取られる。それもすべて日本というまったくの異国で行われている。物心ついていないとはいえ、こうなると言葉を使うような状態とはいえない。言葉を覚えようという意識が本能的に芽生える大事な時期があまりにも混沌としているのだ。

「グオは、実際、最初の両親が売ったのだと思う。最初の両親は、ベトナム人だった。インドシナ難民だね。インドシナ難民はやはり日本では生きていけないよ、子供がいたら不幸になるだけだ。それをちょうど私が横浜の団地に来たときくらいにかなりたくさんのインドシナ難民を日本は受け入れたんだ。もちろん、私だってそのことをずっと後で知ったんだ。私の両親は、難民じゃないけど、だからよかったとは言いたくない」

政府による場当たり的な政策など珍しくもなんともないが、それにしてもこの男性が言うように、グオのような〝犠牲者〟が出たことへの贖罪も求めるべくもない。放りっぱなしなのだ。

「偽装難民というのがいるでしょう？　ご存じありませんか？　偽装難民が多く出るから、難民の受け入れをやめにしたと日本は言っていた」

それは事実なのだ。

偽装難民が後を絶たない時期があった。日本の難民に対する意識の低さを逆手にとって、難民を装って日本に定着しようともくろむ手合いが続出した。

「残念ながら（偽装難民は）中国人が多くてね、ベトナム人夫婦からグオを買い取った中国人夫婦もこれ（偽装難民）狙いだったのですね」

男性は、中国人は日本の緩さをやっぱり強調した。

「日本は本当に緩い国だと思います。難民に対する適当な政策などはその最たるものでしょう。中国人は、そこはめざといですよ、緩いところにすかさず入り込んでいくのです。ためらわない。最初の頃なんかで、偽装難民の中国人が難民に認定され、堂々と日本にいて、たくさんの施しを受けている人を私は何人も知っています。まあ、同胞ですからね、名前は言いませんが、元はといえば偽装難民で、今はあなた、ひとかどの会社を経営している人がいますしね。その人の苦労話をありがたがるのはこれまた日本人なんですね」

この男性は、皮肉な笑いを露骨にあらわす。

「それにしてもおかしな話ですよね。日本のことですよ。今年(二〇二〇年)になって、急に不法滞在者に対しては厳罰に処する、なんてことを言い出した。あるときは、難民を受け入れます、どうぞいらっしゃい、などと心の寛いことをアピールしておいて、それも飽きてしまうと、まるで子供がおもちゃに飽きたようにポイ。ああ、難民? そういう人たち、日本にいるの? って具合ですよ。特に(難民受け入れに)躍起になっていた政治家連中がそうなんですからね、私もそういう政治家知っています。その人は今や与党の大物って言われている。ちょっと前に業者からお金もらったとかなんとかいって、騒がれた、その人ですよ。あの人、難民受け入れの件で一時旗振り役になっていたくらいです。今じゃ、そうだったたっけ？　という感じですがね」

　男性の苦笑は露骨になってくる。

「ところが、ですよ。今年になって急に、国外退去を拒否した外国人には、厳罰、っていう法律ができる（法規内容を変える）というんでしょ？　アメとムチと言うけど、極端ですよ。難民だけじゃない、労働力がないから日本に来て働きなさい、って盛んに誘いをかけていざ来てみたら過酷な職場で雀の涙のお金しかもらえない。話が違うじゃないか、母国に帰らせてくれ、といっても、今度は、契約通り働いていない、帰すわけにはいかないね、と来る。泣く泣く日本に縛られタコ部屋で暮らす。そうこうしているうちに今度は、おまえらは不法入国じゃないか、早く帰れ、といってつまみ出そうとする。満足に稼ぐこともできないまま帰国はできない、第一、稼ぐために日本に行くと言って大変な借財をして来たのに手ぶらじゃ帰国なんてできるわけない。帰国される側もそんな人間を、はい、お帰りなさい、といって温かく迎えるようなことはしない、するわけないよ。日本はそんな人らに対して、帰らなければ、放り出すよ、拒否したら、わかっているね？　牢屋行きだよ。これ、何？」

　帰国要請拒否の厳罰化には、引きあいに出された与党大物議員ももちろん賛成しているようである。

　こういう経緯を耳にすると、当然、日本における外国人のポジションは複雑怪奇にならざるを得ない。特に、犯罪をもくろむ者にとっては（もっとも最初から犯罪目的で日本入国を考えている外国人はいないであろう）、水面下に潜って行くことは容易に想像できる。グオもそんな一人だったのか？

「ああ、グオの話ですよね。それで、グオは、中国人夫婦のもとでさまざまな実験材料にされたと思うのです。思うって言ったんですが、実際にそうだったのでしょう。私が経験したグオの一件というのが、そんな実験の結果だったのですよ」

グオは実験材料だったのか。一体どんな。

この男性は、小学校低学年の年齢（グオは学校に通っていないので、学年はわからない）だったグオが、団地の片隅で特別にあつらえたナイフを投げていたのを見ている。

「今は販売に制限があるみたいですが、あの頃はけっこうどこでも買えたナイフ。バタフライナイフっていうナイフです。そうそう、飛び出しナイフですよね、手の中や上でクルクル回して手に出し入れするんですよ、そのナイフをですね。ブレード（刃）は絶対に自分を傷つけないようにそれをやるんです、グオはね。そりゃうまいものでしたよ。それに第一かっこいい。それをあいつは練習しているんです、団地の焼却炉があったところで。誰に見せるわけじゃない。私だって隠れて見ていたんだ。ありゃ、すごかった。まだ、小学校一年生くらいのちっぽけなガキがあんなまねをするんだからね。ちょっと背中を曲げて、こう、何というか戦闘態勢の姿勢ですよ、レスリングの試合が始まるとき選手がとるあの姿勢。まあ、私も子供だったから、（グオのことが）何もかもすごく見えたのかもしれないけど」

グオはどうしてそのようなことを人知れずに練習しなければならなかったのか。陰からそれをのぞき見されていることにも気付かないくらい熱中していたのか。

グオは売買された子供だった

その答えは、この横浜の団地に住む中国人男性ではなく遠く深圳にいる、樊《ハン》という男性が持っていた。

樊は、五十前後の太った男である。日本語は多少話せる。日本にいたことがあるし、今だって、必要があれば、日本に行くこともある。商売で行き来するのか、そのほかの用事があるのかそれはわからない。日本人だが、香港に住むWという金融ブローカーから紹介してもらった人物である。

「私は、日本にいる中国人のことはけっこう知っている、もちろん、全員というわけにはいかないが」

鷹揚な態度で切り出した。深圳は驚くほどの発展を遂げていた。深圳市庁舎の近くにあるショッピングモールの中にあるカフェで話を聞いた。

「横浜の団地や姫路の団地は、とても懐かしい。私も一時はどちらにもいた。今でも知り合いは何人も住んでいるだろう」

多くは語らないが、樊は、日本と中国をつなぐあらゆる取引に顔を出しているのだろう。在日中国人の動向には、自ら言うように詳しく、深く知っている。記憶力のよさを自慢する。

「ああ、グオ・シャオフェイ。その親ならば、私の日本の配下。グオは、そう、ベトナム人夫婦から引き取った子供だね」

そういった樊の表情は、引き締まったように見えた。拒む言葉こそ口に出さないが、歓迎している様子も見えない。

「中国人なのになぜ、日本で暮らさなければならないか。それぞれ事情は違うけど、それだけの事情があるのですね、そういうこと、あなたたちは全然わからないね」

それはわからないし、わかりようがない。誰のせいでもない。グオの両親になった中国人夫婦も樊の言うところの、それぞれの事情を持っていたのだろう。

「そうだ、事情がね。どんな事情？　それを私に話せって言うのかな？　知らないな、知らないことは話せない」

それきりかと思ったところ、樊は、ついこんなことを口走った。

「グオをとてもとても特別な人間に仕立てようとしたんだね、彼らは」

それ以上樊は、何一つ口にしようとしなかった。その代わり、グオのような人間は少なくないということ、日本で生きていくためには、それもまた、重要な選択肢であることを話した。

もし、今、そのような人がいたらだが、満州事変の頃の大連や哈爾浜《ハルピン》に住む中国人が日本のことについて話すとき、樊が言うようなことを言っていたのではないか。あくまで想像だが。

グオは、おそらく生きにくい日本でそれでも生きていくための術を身につけるための訓練をしていたのではないかと思われる。それは人を傷つけるための訓練だった。

黄昏どき、林立するコンクリートのビル塊の片隅で、一人バタフライナイフを無心に操る少年。いや、少年というのにはまだ幼い子供。その息づかいさえ聞こえるようだ。横浜の団地は、夜が早い。住民の多くはさほど遠くない大企業の工場で働く。帰宅時間は定まっているし、夜遅くまでの残業はない。多くの人間が生活する団地だが、夕暮れから夜は静まりかえっている。その中で、黙々とナイフを習練するグオ。

「まだ乳飲み子の時に、グオは中国人夫婦に買われた。売ったベトナム人夫婦がどうなったかは、わからない。私がそんなこと知るもんかよ」

売買したのだったら、いくらぐらいだったのか、そのような非人間的な取引は今でも行われているのか、あるいは、そんな取引をするブローカーのような人間はいるのか、そんなことをくどく樊に訊いてみたが、残念ながら何一つ答えなかった。ことがことだけに知っていても答えなかっただろう。澳門の韓国人のように、重石の利いた命令者がいたら話は別だが、そんな人ももちろんいない。この人物を紹介をした金融ブローカーW氏にそれをしろと言ってもどだい無理な話である。

ただ、樊の表情を見ると、間違いなく知っている、何もかも。この目の前の男が乳飲み子の売買を手がけるブローカーではないのか、という錯覚にすらとらわれてしまう。

「最初はね、日本は住みにくくてしょうがないけど、うまくやればこれほど住みやすいところはなくなってくるね、カミヒトエ」

なるほど、これは偽装難民のことを言っているのか、と感じたが、それはさすがに口にしなかった。

外国人が日本で暮らすには、日本人を傷つけなければ、自分たちを守ることができない、というのか。この理屈はいくら頭で考えようとしてもわからない。

かつて満州をあらゆる手段を講じてでも手に入れようとした日本と、ここに共通点はあるのか。勝手に国に入り込んでやがて占領しようという企みがあるのは同じと言うほかはない。

その方法には多少の違いがあるだけである。根本的な部分では、相手の領域に入って、そこに住む住民に危害を食わえるといったところで、考えるところは同じ、といわざるを得ないのだ。むろん、一人の子供の話と一国の侵略の話が即座にイコールで結ばれるなどとは思わないが、敵対という線上では、時代や国の違いは関係なく同じような方法を考えつくもののようだ。

つまり、有り体に言えば、グォはいわゆる兵器（Weapon）としての運命を授けられたのではないのか。そうだとしたら、何の兵器なのか。

グォの運命に行き着いたとき、ある小説のこんなフレーズが思い出されるのだ。

《妙子さんがその復讐の手段として、罪もないこの少年を手先に使い、日夜そばに置いて、一個の恐るべき野獣として育て上げた点だけは、人道上、断じて許すことができない罪悪です。（中略）妙子さんは進一少年に異様な教育をほどこした。この子供の頭からあらゆる道徳観念、正義観念を追い出して、遠い先祖の野獣から伝わった、残忍刻薄（※原文ママ）性質ばかり発達させて行った。そして、全く良心の影さえもたぬ一個の陰険極まる小野獣を造りあげてしまったのです。

実に戦慄すべき事実です。育て方によっては人間がこんな怪物になりきってしまうかと思うと、ゾッとしないではいられません。一見普通の子供と少しも違わぬこの進一少年は、人殺しをむしろ快楽とする異常児です。田舎の子供が蛙を殺して喜ぶように、この少年は人間の胸に短刀を突き立てて喜ぶのです。なにしろまだ物心つかぬ幼児です。その上貧家に育ち、早く両親と別れて、道徳的訓練を微塵もうけておらぬ。そこへ命の親とたのみ親しむ妙子さんから、不思議な教育を受けたのです。無邪気な殺人鬼となりおおせたのも無理ではありません。》

これは、今から九十年前（一九三〇年・昭和五年）に書かれた、江戸川乱歩の長編小説『魔術師』のなかの一節である。これを語っているのは、名探偵明智小五郎である。

実に不思議である。ここで言われている、進一少年は、まさにグオのことそのままではないか。何一つ付け加えるべき言葉はない。ただ、進一少年を恐るべき野獣に育て上げる理由として、この小説では復讐であるが、グオの場合はそうではない。兵器、そういえば大げさに過ぎるかもしれないが、殺し屋とでも言うべきか。つまるところ、営利目的の犯罪に使うための装置である。

この大乱歩の小説の進一少年は、ちょうど前出の横浜の団地に住む中国人男性が見たという、バタフライナイフの習練をしていたときのグオとはほぼ同じ頃合いの年齢なのである。

明智は、進一少年のことを、物心つかぬ幼児などと言っているが、熱心にバタフライナイフの習練を積んでいたグオもちょうど同じ年頃だった。

極めて殺傷能力の高い特殊なナイフを巧みに操る幼児は、すでに明智の言う、残忍酷薄で、道徳観念、正義観念はすっかり追い払われた恐るべき野獣になっていたに違いない。

グオの新しい親となった中国人夫婦は、進一少年を野獣として育て上げようとした妙子（この妙子が『魔術師』の真犯人である）同様、何の愛情もなく、グオを一個の犯罪装置に仕立てようとしたのだろう。妙子は明智のために挫折したが、この両親は見事成功したのだ。この両親もまた、道徳観念のかけらもなかったのであろう。それはまるで満州をもぎ取るために謀略でもって張作霖を爆死させた関東軍程度の道徳観念ではないか。

グオは、中国人の両親の思い通りに、犯罪装置としての実力を備えていく。もちろん、それは日本で培っていく。日本語など話せなくともいい。言葉は中国語で十分である。『魔術師』の進一少年は、明智の弁によれば、「この子は、もうすっかり僕になついて、僕の命令ならなんだってやりますよ」、というようになった。明智がその後の更生を図っていったのだろう。小説と現実は違う。グオはといえば、犯罪装置としての道を脇目も振らず歩むこととなる。

グオの両親となった中国人夫妻は、どんな人物だったのか、さらにさかのぼって、グオの真の両親であるベトナム人夫妻についてのデータはないのだろうか。

横浜の団地に住む中国人男性は、残念ながらグオの両親については全く憶えていないという。

「グオの存在はやっぱり学校も行っていないし、団地内ではそれなりに有名だった。姿は現さなかったですけどね。けど、その両親となるとてんでわからないなあ。おぼえてないね」

手がかりはないか。

横浜の団地も姫路の団地も前述のように外務省の外郭団体である財団法人アジア福祉教育財団が運営していたインドシナ難民定住促進センターが閉鎖したことで、至近距離にある両団地に外国人（難民）が移り住んだ。非常に特殊な事情で今の状況を形づくっているのだ。

財団法人アジア福祉教育財団の元職員にグオのベトナム人の両親のことを記憶していた人がいた。

「姫路の団地に住んでいたベトナム人夫婦のことですね」

元職員は九十歳になる。今は、姫路市網干《あぼし》区というところにある小さなアパートで一人暮らしをしている。

「ベトナムの方はたくさんいはりましたからな、皆さんのこともう憶えておりまへんね、すまんことですな」

そういいながら、（姫路の団地の）あの棟の何階には、こんなベトナム人がおったですわ、とか、カンボジアの老人がいて、その人はボートピープルだった、（団地で）亡くなってしもうて、葬儀の仕方がわからず、〝困ってしもうた〟、というような話を止めどなくする。抜群の記憶力なのだ。

「姫路（定住促進センター）はそりゃ賑やかでした、あの時代、やっぱり外国人は珍しかった時代ですわ。センターが閉鎖されて、外国人は姫路の団地の方に移っていきました。その移転のな、お手伝いなんかもさせてもろうてたんです。いったん難民として引き取っておきながら、もうええやろ、はよ、出て行け、言うわけにはいかんですやろ」

それを率先してしたのが、政府だった。そんな矛盾した政策の尻拭いをさせられるのが、こういう人なのだ。しかし、老元職員は、顔もしかめずその時のことを憶えている限り話す。そこには日本の良心がある。

「ベトナム戦争が終わり、サイゴン陥落。（日本の）新聞やテレビも毎日そのことをいうてましたな。命からがら逃げてきた人ばかりやった」。そう言って老人は遠くを眺める。懐かしいのか、心の負担があるのか読み取れない。

「グオねえ、それはかりだけではわからんね、第一、その名前は中国名やないですか？」

生まれてから一年ほどで、大和の定住促進センターの中国人夫婦に引き取られたというインフォメーションを繰り返し伝える。

三回目で反応が出た。

「大和。ああ、わても何度か行ったことありますよ、大和。大和にね。おお、おお、思い出した。あったな、そんなことが」

唐突に老人は、目を大きく見開いて、何度かかぶりを振った。声のトーンはあがっていない。

「あれは、なんという名前だったかな、フン、いや、フォン、だったかいな。どっちかや。若い夫婦やったな。赤ん坊が生まれたいうて、話題になったんですわ。ええ、もちろんセンターの中でね。赤ん坊が生まれて、そう経たんうちに、姫路の団地に移りましたんや、その夫婦がね。その時期ですやん、あのころは。そいでな、しばらくしたら、あのフンだったかフォンだったたか、あの夫婦、赤ん坊と一緒に大和に行った、赤ん坊は別や、と聞かされたんや。誰から（聞かされた）やろ。おかしな話もあるな、とだいぶ心配したんやが、結局、何もわからずじまいや。なんで赤ん坊だけが別やったんか、どう別だったんか、何にもわからん」

少しばかり居住まいを正し、こう付け加えた。

「赤ん坊、売ってしまいよったんやないか、そう思ったんですわ。そういうこと、実はけっこうあったんや」

老人はひとしきり話すと今度は、しばらく黙り込んでしまった。

「それから先はもうわからん、憶えとらんのや。誰が憶えているかももうわからんようになった」

表情は暗く沈みこみ、言葉も心なしかぞんざいになった老人は、つい十数分前とはまるで別人になってしまった。老人の記憶に何が起きたのか。その心の激動は結局、証されることなく老人には別れを告げた。

老人は、つい口走った。〝そういうこと、実はけっこうあったんや〟と。そういうこととは、言うまでもないが、生まれて間もない赤子を〝売る〟ということである。その一番の理由は、むろん、カネであろう。あてもなくやってきた日本、本意ではなくやってきた日本、命からがらやってきた日本で、どうやって生きていけばいいのか。それでも、赤ん坊は生まれてくる。〝ああ、ここにお金になる大事なしろものがあるじゃないか〟、〝愛情が芽生えないうちに早くお金に換えよう〟。そのプロセスは、驚くほど簡潔である。動機にしてもカネ以外はなく、感情の機微など伺う由もない。乾いたものである。

老元職員の記憶の片隅に埋もれていた、フンあるいはフォンというベトナム人（夫婦）がグオの本当の両親だったかどうかは、確定しようがない。

グオがどのくらいの金額で中国人夫婦に売買されていったのか、そればかりは今となってはまったくわからない。肝心の中国人夫婦の正体がわからないのだ。

グオの方は、小学校の学年でいうと、三、四年生にあたる年頃の出来事が浮かび上がってきた。

第四章

おまえは何者なのか?

バタフライナイフ

「一九九七年十一月に（静岡県）三島市内の路上で、不動産業者が何者かに襲撃されて重傷を負う、という通り魔事件が起きたのです。結局、犯人は挙がらずじまいでした。いや、本当は犯人はわかっているのです。事件そのものをまったく表沙汰にしなかったのです。事件そのものを不問に付すというか、要するになかったことにしてしまったんだ」

静岡県警の元刑事がこんな話を持ち出した。

三島駅のすぐ近くでそれは起きた。三島駅というのは、新幹線の駅も併せてひとつにまとまっている（JR以外に私鉄が一社入っている）のだが、いわゆる自由通路というものがない。駅があって、線路を挟んで出入り口は二カ所あるのが最もオーソドックスな構造であろう（もちろん、一カ所しかない、あるいは、東西南北四カ所あるという駅もある）。北口、南口、といったものである。この二カ所の出入り口を改札を通らずに行き来できるのが、自由通路である。三島駅にはこの自由通路がない。北口から南口に行くには、もちろん、改札を通過して駅の中を通り抜けるのが最短なのだが、それ以外は、かなり大回りをしなければならない。自由通路がないからである。需要がないからなのか、なんとなくそれで事足りているのか、通路のない理由はわからない。最短距離で行くには駅の中を通過しなければいけない。つまり、それには入場券が必要なのだ。一回の値段は、安いもの（百四十円）かもしれないが、頻繁、あるいは、毎日、ともなるとその負担は大きい。

なぜ、このようなことをくだくだしく書くのかというと、もし、自由通路があったとすれば、この隠された事件（警察が表向き扱ったわけではないので事件といえないかもしれないが）は、起きなかったかもしれないのだ。

三島駅北口を出ると新幹線の高架線沿いに一方通行路がある。この路上で、その事件は起きている。九七年といえば、今から二十三年前のことである。日が暮れるのも早い十一月の午後十時過ぎ、その路上には通行人など一人もいない。一方通行沿いには民家なども点在しているが、どこの家も戸を立てている。低層の集合住宅もあるがどの部屋も静まりかえっている。駅間近ではあるがそこはエアポケットのようになっている。しかも街灯も一本一本かなり距離があり、暗い。懐中電灯が必要なくらいの道なのだ。

この道を、その日その時間、被害者となった男性は一方通行と同じ方向を駅に向かって歩いていた。脇を通る車もない。その男性はいつもこの道を使って帰宅するのだ。勤務している不動産業者の事務所は駅を挟んで向こう側、つまり南口にあった。直線距離でいえばそれは極めて短いものであったろう。この男性は自由通路がないために毎日、わざわざ大回りをしなければならない。慣れる、慣れないはまた別問題である。

暗い道をいつものペースで歩きながら、彼は前方におかしなものを見たように思った。一方通行路は、駅までせいぜい二〇〇メートルほどしかない。道を半ばまで行ったところで、二〇メートルほど先に彼はおかしなものを見たような気がした。はっきりとはわからない。なにしろほぼ真っ暗なのだ。それは何か闇の中で蠢《うごめ》いているように見えた。闇自体が、一部分動いたようにも見えた。何かがうずくまっているようにも見えた。得体が知れないのだ。押さえようもなく背中から恐怖がわき上がる。長年この道を行き来しているがこんなことは初めてのことだ。時間は遅いが、彼は酒を飲んでいたわけではない。気のせいだ、何でもないんだ。やり過ごしてしまえば、なんでもない。ペースを変えずに男性は歩き続けた。それはいきなり飛んできた。下から飛び上がるように。同時に腿が焼けたような気がした。確かに、それは恐ろしい猛獣のようにうなっていた。凶暴なネコ科の猛獣が敵を襲う前に出す、あの禍々《まがまが》しいうなり声だ。それは、確かに人間の声ではなかった。男性は、それが険悪な獣のように思った。獣は、二度目の襲撃を狙って態勢を整えている。足に力が入らない。音もなく地面を蹴って、その獣は男性に飛びかかってきた。もう一度、腿に焼けた鉄串をあてられたような痛みが走った。獣は、飛ぶような速さで駅の方に走り去った。男性はその影を見ている。

「あれは間違いなく四つ足で駆けていった。猫そのものでした。あんなに大型の猫がいるのか、と恐怖で体が震えだした。震えは収まらなかった。本当に怖かった。生まれてこの方あんな怖い体験をしたのは初めて。気が狂うほど怖いというけれど、本当に気が狂ってしまった方がどれだけよかったか、と思うほどでした。ナイフで刺された痛みなど、怖さでしばらく消し飛んでいました」

男性は、本能的に獣と同じ方向、つまり駅に向かって痛みが出てきた足を引きずるようにして歩き出した。駅に着いた途端、男性のそばをすれ違った人から、「どうしたんですか！」、と声をかけられた。「すぐに警察。救急車も呼ばなければ」。力が抜け、男性はその場にへたり込んだ。誰かが、南口にある交番まで走った。むろん、駅構内を通り抜けて、反対側の南口に行ったのだ。走れば北口から南口までものの一分とかからない。構内を抜けず被害者男性が通ってきた迂回路を使うと、いかに全速力で走ったとしても最低五分は要する。足の遅い人ともなると、一〇分はかかるだろう。ほどなく制服の警官が息せき切って走ってきた。男性は、自分に起きたことをわかる限り伝えた。そのうち、救急車がやってきた。

その時である。

男性の目の端に、真っ黒な長袖シャツと、黒いパンツをはいた黒ずくめの子供が、北口西側の奥にあるコインロッカー脇にしゃがんでいるのが映った。その子供は、コインロッカーを背に、バタフライナイフを手の中で巧みに弄んでいた。その子供は手を忙しく動かしながら、こちらを見ていた。

「あいつだ!」。男性は叫んだ。直感がそう言わせた。警官が走り、子供は取り押さえられた。機敏な対応だった。ただ、警官が迫っても子供は逃げようともしなかった。男性が見たのはそこまでだった。救急車に乗せられて、救急指定のS病院に運ばれた。

男性のけがはさほど深くはなかった。全治一ヶ月と診断された。通院ということになった。気になるのは、あの子供のことである。病院で一夜を明かした男性は、しばらく待っていたが、警察からの報告は受けなかった。病院を出て、男性はすぐに警察に行った。三島署は、同市内の中心地にはない。痛み止めが引きかけてきていた。痛み始めた足を気にしながら、男性は車を飛ばして三島署に飛んでいった。あのコインロッカーにもたれて座っていた子供が自分を刺した。男性は間違いないと思い込んでいた。

ところが、である。三島署では、まったく要領を得なかった。

「私は、傷害事件の被害者だ、といってもなかなか通じなくて、戸惑うというか、イライラさせられました。そのうえ、あの子供のことです、確かにあの警官が子供を取り押さえたと思ったんですが、警察では、そんな子供は知らない、の一点張り。なんだか、狐につまれたような気持ちになりました、どうなっているんだよっていう感じですね」

被害者としては取り上げられたものの、肝心の犯人は結局、挙がらなかった。男性は、狐につまれたようだ、といったが、まさにその通りである。

静岡警察の元刑事が続ける。

「男性のけがは幸いたいしたことがなかった。三島署としては、被害を取り上げたのですが、犯人を挙げるまでにはいかなかった。問題は被害者男性の言った少年です。あの少年は、あの傷害事件の犯人でしょう。十歳ですよ、小学校四年生だ。しかも、証拠が出てこない」

バタフライナイフは？

「確かに持っていた。しかし、それは自分のじゃないと突っ張るのです。言葉がまったく通じない、日本の子供じゃないのです。中国人だと言うことだが、言葉がまったく通じない。身振り手振りでようやくコミュニケーションをとった。ナイフには確かに被害者男性のものと思われる血痕が付着していたと思われたんですが、水で洗ってあったのです。本件の凶器らしいということだけは認められたが、それは現場近くにたまたまいた少年が拾った、というのです。被害者も襲ってきた者の顔も着衣も何も見ていないことから、少年は拾ったというナイフも一緒にまもなく放り出しました」

十歳の子供がわけもなく人を刺すのか、そうした素朴な疑問がその時の警察にあったことは否めない。それが、犯人特定へのブレーキになったのかもしれない。ただ、現実には、その子供はまったく捜査の対象から外されてしまったのだ。それにしても、その時、その子供が持っていたナイフも本人の身柄と同じように、放り出してしまった！

今となっては、痛恨の極みである。

注目すべきは、このあとにわかってきた発見である。

「少年は、どこの人間かわからない。外国人ということだけです。そこで、入管やら外国人の子供が入るような施設など片っ端からあたったのです。もちろん、私たち警察の分野である家出の線も念入りにあたったのです。けっこう大変でした。そうしたらね、何日かして、当たりが出た。横浜にかつてあった定住促進センターにいた中国人夫婦の子供でした。何日か前に、その中国人両親から捜索願が出ていたのです。その時は、その親子はその施設の跡地にある団地（正確には跡地ではない。至近距離にある団地）に住んでいるということでした。まあ、我々にしてみればやれやれ、といったところです」

結局解決できなかった事件だったが、そこにクッキリとある影が落とされていた。それは、グオである。

三島駅脇の男性が襲われた場所に立つ。現場とおぼしき場所は、二十三年ほど経過する今でも暗かった。ただ、北口を出たところにマンモス私大のサテライトが建っていて、それは巨大なビルだった。このビルは二〇一二年にできたとのことだから、無論、事件当時はなかったものである。毎日歩き慣れた道だったとはいえ、前方に蠢く異様な気配は、さぞや男性を怖がらせたと思われる。それをやったのが、十歳の少年だった。一体なにが、その子供にそのようなことをさせたのか。男性の記憶が正しければ子供のやったことは、まるでベテランのスナイパーそのものではないか。

静岡県警元刑事は続ける。

「子供でしかも日本語が話せない、わからない。まったく扱いに困りました。被害者が（犯人だと）言っただけでしたから、われわれもあの少年を引き留めておくことはできません。まずは、少年の身元だけでも明らかにしておかなければいけないということで、必死に（身元を）探したのです」

身元が割れて、捜索願を出していた両親に引き取りを要請した。ところが現れたのは、その時には閉鎖されていた大和定住促進センターの職員だったという。

「捜索願なんかも出していたということがわかっていますからね、その中国人夫婦は、すっ飛んで来るかと思っていたら、さにあらず、かなり年配の日本人がやってきました。（大和定住促進）センターの人間というのです。中国人の両親は、とにもかくにも仕事が忙しく三島まで来ることができないので、（元職員が）代わりにきた、ということでしたな。どうもね、その肝心の中国人の名前が思い出せなくてね、私も年だね」

やってきた元職員の方は、ギリギリのところで、その名字だけはこの元刑事の記憶の端っこに引っかかっていた。

明らかになっていったグオの知られざる素顔

大和定住促進センターの元職員を訪ねた。残念ながら三島にグオを引き取りにいった元職員は亡くなっていた。ただ、元職員の後輩がいることがわかったので訪ねた。その人は、同じ神奈川県の小田原市にいた。漁港が近いのか磯と魚のにおいが立ちこめるような住宅地の一角にその家はあった。

「ああ、Tさん（三島にグオを引き取りにいった元職員）が、三島に行ってグオを引き取りに行った件ですね？　あれ、何年前だったかな？（二十三年前のことだ、というと）そんなになるかね、もう四半世紀も前のことになるんだね。僕ももう（センターを）やめていますしね、時間が過ぎるのは早いね」

やはり、グオだった。

「あの中国人夫婦は姫路から来ましてね、ああ、ご存じでしたか。センターの頃はTさんが、あの中国人夫婦の担当だったんです。ええ、職員一人当たり、何世帯かを担当するんですがね、あの中国人夫婦の担当は、Tさんだったので、それで、グォを引き取りに行ったのがTさんだったのです。中国人夫婦は、何かの都合で（引き取りに）いけなかったのだと思いますね」

元職員はグォの引き取りの件は自分ではないが、かなり明瞭に記憶していた。〝差し支えない限りはお話ししますよ〟というのが、口癖だった。その割には、差し支えない範囲は思った以上に広い。

「グォがまだ十歳くらいのことでした、あれは。刃物を振り回していたとかいうんでしょう？　グォは変わった子供でしてね、学校に行きませんでした。そもそも親が日本語をグォに押しつけなかった。あれでは日本の学校に行ってもあまり意味はありません。ただ、子供は大人と違ってすぐに言葉には慣れますけどね」

中国人夫婦は、なんと名乗っていたのか。

「翟《ちゃい》、でした。こう書くんです（そういって、人差し指で自分の手のひらの上にその漢字を書いた）。私は初めて知った名前でしたが、亡くなったTさんは、さすが、先輩、前に一人同じ名字の難民を扱ったことがあると言ってました。実際に、翟が自分の名前を書いたときに、チャイ、と読みましたからね。中国では普通よりもやや珍しいと言ったくらいだそうですが」

グオを引き取ったのは、翟夫妻だった。すると疑問はまた同じところに帰ってくる。まさに堂々巡りである。

翟夫妻はどうして、グオをフンあるいはフォン夫妻から引き取ったのか、ということだ。重なる疑問は、この翟なる中国人夫婦は、一体、日本でどのようなことをしていたのか。グオをクローズアップすればするほど、この翟夫妻の存在が重要視されてくる。

「Tさんは、その辺りのことはよくご存じだったと思います。翟は、ええ、夫婦どちらもですが、Tさんのことをかなり慕っていましたからね。まるで、日本の親のような慕い方だったと思います。僕もTさんとはいつも一緒に仕事をしていたわけじゃないんで、なぜ、翟夫婦がとりわけTさんばかり慕っていたのかというのは、よくわかりません。私たちの場合、例えば難民がそこにいたときに、どのように日本で暮らしていけるか、あるいは、難民の認定を受けることができるまでをサポートしたり、ありとあらゆる生活支援をしていくのです。そりゃ、それなりにお互い親しくなります。ならなきゃいけないのです。でも、Tさんと翟夫婦とはそれ以上のなんというか、分かちがたい絆というようなものがあったような気がします。グオを引き取りに行ったのだって、あれはやっぱり行き過ぎというか、まあ、いくら親しくなったとしても（引き取りには）行きませんね」

T氏は、どうして翟一家にそこまで肩入れしていたのか。後輩の職員でさえ、両者には逸脱とも見える、分かち難い絆があったというのだ。T氏の立場は、外国人や難民はあくまで職務上の人間関係である。それ以上でもそれ以下であっても好ましいはずはない。そのことは、大和定住促進センターなどの外務省の外郭団体職員を勤め上げたT氏ならばわかりすぎるほどわかっていたはずである。何故、T氏は、その一線を破ったのか。

元職員は、こんなことを付け加えた。

「ご存じでしたか？　グオの引き取りの件をお聞きになりたいって来たのだから、もう、知っているだろうけど、グオは、翟夫婦の本当の子供じゃないんですよ」

話をうながすと、

「そのことを、Tさんは不憫に思っていたんじゃないかな、翟夫婦のことじゃなくて、グオのことを、です」

それは、T氏の同情だったのか、憐憫だったのか、あるいはもっとほかのことだったのか。

「わかりません。今となっては何もわからない。（大和）定住促進センターも、あの当時いた難民も外国人たちも把握しきれないほどにバラバラになってしまいました。なんだったんでしょうね、あのときだけに吹き荒れた難民受け入れの嵐は」

元職員は、大平内閣時代の難民の受け入れは、まるで熱にうなされるような状態だった、という。難民を受け入れない国は、先進国とは名乗れない、ということを平気で言う代議士までいた。

「そういうのって、誰もその後の責任はとらないんですよね。まあ、そんなことはいつだって、なんだってあるか。たまたま私たちがたずさわっていた難民受け入れという業務にそうした嵐が吹き荒れたわけでね。今は、なんですか、コロナ？　ですか？」

T氏と翟夫婦との関係は、実に意外なところから割れてきた。

人間には確かに、陽（表）の部分と陰（裏）の部分がある。人間はそれで成り立っているのではないかとすら思えるほどだ。T氏のことを知ったときに、それを見せつけられた。陰陽という言葉があるが、おそらくこのことを洞察した上で、到達した結論なのだろう。さらに発展させたところに、陰陽互根、陰陽転化、陰陽可分、これらは、人間の根本をとらえた言葉なのだろう。陰陽については、さておいて、問題はT氏である。

T氏の後輩の元職員や、T氏とグォのことで接触した三島署の刑事らが口をそろえて言うのは、T氏は、善良そのものの人で、真面目な公務員、という人物評だった。

「そりゃ、真面目を絵に描いたような人でした」（元職員）

「仕事一筋、真面目そのものの年配の公務員」（元三島署刑事）

この評価は、陽である。

ところが、そこには陰が背中合わせに存在していた。

「あのおっさん（T氏のこと）は、うちらの間では有名でね、〝カクさん〟とか、〝カクのおっさん〟とか言われていたよ。死んだんだろ？　え？　おっさんが公務員だった？　冗談こくな」

こういうのは、川崎をシマにしている広域暴力団の構成員である。

カクさんは、暴力団とどうして懇意だったのか。暴力団員の間で、どうして有名だったのか。

「おっさん、死んじまったから言うけどよお、おっさん、中国人との間のブローカーだったんだ。え？　なんのって？　ぶさいくなこと聞くなよ、アレ、アレよ、アレ。お塩」

耳を疑った。〝お塩〟というのは、覚醒剤の隠語である。oshio某という芸能人が使っていた覚醒剤があって、主にそのことを指す。その覚醒剤は、中国人から多量に流れてくるという。そして、それを日本人が特殊なブローカーを通じて高額で買うのだ。売り手（中国人）、ブローカー（人種問わず）、買い手（日本人）という流れである。蛇の道は蛇。この三者は緊密な関係にある。この暴力団の構成員は、さしずめ買い手にあたるのであろう。そして、この構図に登場人物を当てはめてみる。

すると……。

にわかには信じられない話である。

T氏は、翟夫婦あるいはグォと何をしていたのか。特にグォなどはまだ年端もいかない頃だった。にもかかわらず、T氏は彼ら三人の親子と組んで、暗い仕事をしていた。

「中国発の違法ドラッグが蔓延し出したのが、九〇年初め。麻薬は暴力団の専売特許だったけど、（麻薬の）種類が多様化するに連れて、中国人や韓国人、ベトナム人やカンボジア人が絡んでくるようになってきたね。これも人種の多様化だよ。こんなところでも多様化なんて笑っちゃうだろ？　絡んできたというのは、彼ら外国人が暴力団の代わりに（麻薬を）売り始めたんだ。（外国人が）暴力団の代わりになってきたんだな。ヤーさんたちも、言葉も通じない外国人じゃそう簡単には太刀打ちできなくてね」

この人は、元だが、厚生労働省のれっきとした行政職の国家公務員である。俗に言う、麻薬Gメン、マトリ、とも言う。

「僕の話だけで、何冊かの本になるよ」

現職の時は極めて過酷な現場を踏んだはずだが、今となってはその片鱗も見出せない。

「過ぎたことは忘れる質なんでね」。呵々大笑。麻薬取締官は、コントロール・デリバリー（囮捜査）が認められている。つまり、捜査対象をだますために自ら薬を打つ。それが認められているのだ。その一方で、危険な場面の遭遇を想定した上で、拳銃の所持が許されているのだ。この仕事が、その身を蝕むのは必定なのである。

「それを言うなら、あなた、僕たちは、少林寺（拳法）の達人ですよ。意外でしょ？　否応なく体得させられるんだ。悪人を逮捕するために。太陽にほえろだよ。もっとも、そんな場面は結局一回もなかったな」。再び呵々大笑。少林寺拳法は、警察官でいう逮捕術として習得しなければならないものなのだそうだ。

「僕のことはどうでもいいが、グオのことは今も憶えている、僕には珍しいことだ。なにしろ子供だったからね、グオは。あれはね、言ってみれば、犯罪マシーンとして、あの親から、親って言ったって実の親じゃないんだからね。実の親じゃないだけじゃない。グオの本当の親は、ベトナム人なんだ。要するに、グオは人種としてはベトナム人なんだよ、生粋のね」

麻薬の世界を外国人が牛耳り出してきたことで、この人らの捜査対象も大きく変転していった。麻薬の供給源は、暴力団から外国人に、というわけだ。

「パラダイムシフト（規範の転換）という言葉があるでしょう？　あれ、われわれの仕事でパラダイムシフトが起きたわけ。大変なことだったな」

何事もなかったように振り返るが、実際は相当大変だったらしい。

「流れ、っていうかね、麻薬の流れですよ。それをつかまなければいけない。麻薬が自然発生するわけないからね。どうやら、外国人ってことになったら、今度はそこからが大変になってくる。それまでにないパターンだからね、まったく新しいルートの中で例えば、キーマンだとか、組織があったらどこをアジトとしているのか、とかね。全部発掘ですよ。丹念に、辛抱強く発掘していくわけ。これ以上言ったら、ネタ証してしまうようで、いいのかな」

潜入、取り込み（相手側の人間を味方につけること）、囮、カモフラージュ、買収、何でもありの世界で、何でもやったという。

「浮かび上がってきたのが、外国人のお守り役。日本人ですよ、そういうのは、必ずいる。外国人側も、最初の頃は誰にどうやって売っていけばいいかわからないからね、それを導く人がいるわけ。え？　お守り役？

つまり、不法入国の外国人や難民いますでしょう？　そういう人たちの面倒を見る人たち、管理という名のね。あの人は、そんな仕事をしていた人ですよ、Tさんね。グオの親、そう、翟夫婦の面倒を見ていた外務省の外郭団体の職員です。

T氏に行き当たったとき、とてもじゃないが、信じられん、と思ったね。意外だった、さすがにね」

この元Gメンは、感慨深げにいう。〝Tさん亡くなったのは、ご存じ？〟とさりげなくいう。

「順番でいうと、最初は翟夫婦、それからその手足でよく働いていた、グオ、です」

つまり、翟夫婦とグオは、日本における麻薬の供給元だったのだ。

「（麻薬は）中国だけでなく、それこそ東南アジア、至る所から入ってきていました。それをうまく一斉に引き受け、いったん東京に集め、すぐさま日本各地に撒いていく。翟夫婦はさすがの手際でした。その下で、走り回っていたのがグオだった。子供ですよ、日本の倫理観では考えられないけどね、させていたんだな、麻薬の拡販を子供にね。あれはやっぱり実の子じゃないからできたことなのかもしれません」

翟夫婦は、時には、この元Gメンや警察に捕まることがあった。夫婦そろって縛《ばく》につき、刑を受けることもあった。

「麻薬の常習者じゃないから、刑にしたって長くはない。短いときは半年とかね。彼らは自分たちで扱う品物には絶対に手を出さなかったですね」

いくら短くても両親が刑に服しているその間、グオはどうしていたのか。まさか子供が一人で暮らせるわけもない。

「Tさんだった。Tさんがグオを引き取っていたんです」

グオの場合は、いうまでもなく少年法もあって収監などされない。

「グオはずっと親の仕事をやらされているとはこちらも思っていなかったんです。まさか、ということもあって、ノーマークだったね。完全に出し抜かれてたよね。不覚だった、じゃ済まないことです」

グオの親代わりになっていたのが、T氏だったのだ。

グオとT氏の関係は、大和定住促進センターを通じて生じたものだが、その後の継続は、それ以上の分かちがたい強力な紐帯《ちゅうたい》となっている。これが、彼らがやっていた暗い仕事に直結していることは言うまでもない。ただ、T氏がどうしてそこに拘泥してしまったのか、なにがそこまでT氏を引きずり込んでしまったのか、その疑問は残る。

T氏の後輩で元職員も、また、元厚生労働省麻薬取締官もそのほかT氏と関わりのあった元警察官も、誰もがその疑問への回答の片鱗すら語ることはなかった。語ることができるわけはない。彼らはそれを知らないし、あえて知る必要もないことだからである。事務的に仕事をこなすことができればそれでいいのだ。ただ、一人T氏の暗い面を知っていたのは、川崎の暴力団構成員だけである。ただ、構成員は、T氏の本来の生業を知らない。本名すら知らないのだ。グオ親子と日本人バイヤーをつなげるブローカーくらいにしか認識していない。T氏の人間的側面など知ったことではないのだ。

ここに大きな陥穽《かんせい》があったのではないか。そして、この陥穽は、犯罪を覆いかぶす絶好の場所となっていたのではなかったか。

T氏の人格的本質云々だけでなく、不思議なことに、T氏には係累が見つからないのだ。プライバシーの保護という観点から、親族、係累をたどることが困難になっているのは事実だが、T氏にはどうやら元来それがない、どうしても見つからないのだ。つまり、T氏は天涯孤独の身の上だったのではないかと判断されるのだ。どこの出身なのかも今となってわからないばかりか、結婚もしていない。従って子供もいない。唯一プライベートでつながっていたのが、翟一家だったのである。一家の中で最もT氏と密着していたのは、グオだったのだ。グオが日本語を理解しなかったり、話すことができなくとも、まるで手慣れたブローカーのように麻薬を持ち回り、売買することができたのも、T氏という、誰からも疑われることのない人物の存在があったからこそなのだ。現に、川崎の暴力団員はT氏が麻薬のベテラン斡旋人ということを認めている。

グオに、ナイフを習得させたのは、翟夫妻だったが、それを鍛錬させ、さらに上達に導いたのもT氏と思われる。

明け方の公園で黙々とナイフ投げの習練

翟夫妻が二人とも麻薬取締法違反で検挙され、収監されている間、グオの身元がT氏のもとにあったことは先に記したとおりだが、その頃のある場面の目撃者がいる。

「いえね、私はTさんの隣の部屋を借りていたんですがね、そうね、それでも一年近くはいたんじゃないかな。Tさん、その棟の主みたいな人で、ずっと長いこと住んでいたんじゃないかな。で、その一年の最初の頃は何でもなかったんですが、そのうち、子供と一緒に住むようになっていたんです。子供といっても明らかに外人の子供だったから、実の子じゃないとはわかっていたけれど、それにね、あの人、外務省の関係の仕事していたこと知っていたから、その関係者なんだろうな、なんて勝手に思っていました。それはいいとして、その子どもが住み着くようになってからしばらくして、夜中に妙な音が聞こえるようになったんですよ。

ストン、ストン、ストン、てね、最初はダーツでもやってんのかな、と思ったんだよね。それが深夜午前零時を回ってから、二時間以上ずっと続くの。異常でしょう？」

それは、まるで判で押したように毎日一日も欠かさず続いたのだという。

「おかげで不眠によるノイローゼ、精神科（心療内科）に行って睡眠薬もらって飲んでも、頭の隅で、ストン、ストン。これで女房や子供でもいたら、後先考えずに怒鳴り込んでいたんだろうけど、僕も一人だったし、こっちが我慢しちゃった。Tさん、そのアパートの主《ぬし》だったしね。逆らうようなことしたら、やっぱり何か住みづらくなるようなことになるんじゃないかと思いましてね。それにね、Tさんは、どこかしら怖いところがあったのね、ちょっと堅気じゃないようなところがね。それで、我慢しちゃったってとこあるわけだけどね」

その音は一体何だったのか。

「ダーツというのはあたらずとも遠からじ。その正体を僕は見たんですよ。それ見たら、やっぱり怒鳴り込むようなことしなくてよかったな、と心底思いました」

この人は、奇妙な音が始まってからしばらくして、夜中に自分の部屋に帰るのを極端に遅くしたりしていた。なにしろ眠れないのだ。やむを得ない逃げ道だろう。遅い帰宅といっても、それはむしろ早すぎるといってもいい時間である。明け方の四時、時には五時頃のこともあったという。部屋では眠れない、その回避策として朝帰りという生活では、それは健康も害すであろう。気の毒としか言いようがないが、朝帰りのある日、この人は見たのだ、音の正体を。

「ナイフ投げです。あれジャックナイフっていうのかな。手のひらに入るような小ぶりの。あれをね、誰もいない公園の片隅でサンドバッグみたいな的めがけて投げているんです、ええ、Tさんのところに来ているその子どもが、ですよ。それを、Tさんが、ファームのピッチングコーチみたいに子どもの横にぴったりついて見ているんです。彼ら、熱中するあまり僕のことには気付いていませんよ」

用心深いT氏もさすがに明け方の自分たちを凝視する人間がいるとは思いもしなかったのであろう。

「なんのためにやっているのかわかりませんでしたが、瞬間、寒気がした。あれ、やっぱり人殺しのためでしょう？　とても狩りのためとは思えないもんね」

なんともいえないが、たとえば、新宿区の病院理事長襲撃には、ナイフが使われている。真っ先に思い出されるのは、横浜の団地でのグォの目撃談であろう。焼却炉でグォは何をしていたか。この行為はまったく同じではないか。グォとナイフは分かち得ない関係にあるのだ。この関係が何を意味するのか。

この人は、それを見たことで直ちに不動産屋に飛び込んだ。ネットで検索、というような時代ではなかったのである。そして、取るものも取りあえず、T氏の隣の部屋を飛び出した。

「一番怖かったのは、あの明け方の公園で黙々とナイフ投げの練習をしている子どもの目、それにその子どもを見つめるTさんの目、この四つの目です。あれは今でも思い出すと怖い。頭の中から消す努力をしているくらいだ、本当に長い間思い出さなかった。いまそれを話しているが、思い出しちゃったよ。記憶から削除していたのに、まいったな」

この証言がグォの立ち位置を決定づける。もちろん、この人はグォのことは一切知らない。T氏と一時的に一緒に暮らしていた少年のことを言っているに過ぎない。その少年がグォだったのか、それは完全に実証されていない。しかし、その逆を言えば、公園でナイフ投げに勤しんでいた少年はグォである確度が高いのである。

T氏は、表向きの顔とまるでコインの表裏のように、まったく別の顔を真後ろに持っていた。ジキル博士とハイド氏。この有名な小説を思わず想起せずにはいられない。

グォは、新宿の病院理事長を襲撃した時、共犯者がいたはずだ、という推定を当局は非常に重要視している。推定とはいっても捜査上、十中八九、共犯者の痕跡を見いだしている。

一体、グォは、この日本においてどうやって人のつながりを築いたのであろうか。

そのルーツにT氏はいたのか。もしグォの人間関係という器のその底にT氏の影があったとしたら、T氏から提供された情報が流れていたとしたら、それはどういうことになるのか。

そこに提供された情報というのは、如何なるものだったのか。

つまり、グォの日本国内の人間ネットワークはT氏にその源があるのではないか。

静岡県熱海市の市役所近くにグォに関わる拠点のひとつがある。警視庁は、新宿区病院理事長襲撃事件の捜査で熱海の拠点のひとつを捜索している。共犯者を重点的に洗うための捜索である。

熱海市の拠点については、警察が捜索した場所とは別にT氏との関係からも出てきていた。グォの拠点と言うよりはむしろ翟夫妻からの関係といっていい。熱海市は、温泉地だけに町中を外国人がうろうろしていてもさほど目立たない。観光客はもとより、近年、熱海市内のホテル、旅館は、外国人を雇用している。

翟夫妻が熱海に漂着したのはいつ頃だったか、それはわからない。この奇妙な夫婦が横浜の団地から突然姿を消したのは、二〇〇〇年末である。二〇〇一年には一日たりとも横浜の団地にはその姿は見せていない。それ以降の翟夫婦、それに、グオの姿は、誰も見ていないし、知らない。

しかし、二〇一一年以降、翟夫婦はいくつかの場所にその姿を現している。

一方、T氏は、二〇一一年には嘱託だった職場を辞め、二〇一五年には亡くなっている。亡くなる前の数年間は、体を悪くして、長い間病院にいたという。翟夫婦は、二〇〇〇年末より忽然と姿を消してから、少なくとも二〇一一年までの間、つまり、十一年間はT氏との緊密な連絡を取り続けていたと思われる。

その間のグオについてはまったくわからない。

二〇二〇年六月、アメリカ国防省は、ある統計とそれに関わる評価を発表している。世界の人身売買に関わる年次報告（Trafficking in persons report）というのがそれである。

この報告書によると、日本の場合、二〇二〇年には一ランク格下げされている。その理由は、人身売買の摘発件数が前年より減ったことなどを考慮したためだという。

報告書ではこれまでも日本の技能実習制度を問題視してきたが、今回は「外国人の強制労働が継続して報告されているにもかかわらず、当局は一件も特定しなかった」とし、「法外な手数料を徴収する外国の仲介業者を排除するための法的措置を、十分に実施していない」と改善を求めた。

要するに、外国人研修生、あるいは留学生が技能や学問を学びに日本にやってきた時、その目的が十分に果たされず、やがては杳としてその姿を消してしまう、このような件も人身売買としてカウントしていて、日本においてはこうした事象が頻々《ひんぴん》と起きていることを問題視しているのだ。格下げについては、問題視しているにもかかわらず（問題視しているのはアメリカではあるが）、この問題では検挙者がまったくいないとなっている、それは一体、どういうことなのか、当局はこの問題、つまり人身売買問題については非常に消極的で、その点が格下げに直結した、ということなのだ。

この問題は、実に深刻といわざるを得ない。多くの日本国民はこの問題について未知であり、また、関心が希薄である。それ故に、この問題の加害者はことを運びやすい。問題に関心が集まれば当然監視が強くなる。現状からいえば、監視の目は節穴状態であるといわざるを得ない。

確かに外国人は増えたなあ、と感じている人がほとんどであろう。戦後二十年くらいまでは、外国人はどのような人種でも珍しい存在だった。ところが今や外国人のいない日本は考えられないくらいになっている。

そんな外国人の個々の事情などは顧慮《こりょ》すべくもない。しかし、このレポートでも指摘されているように、当たり前のように隣人として暮らしている外国人が国籍も何もない、あるいは強制的に連れてこられて生活している人も大勢いるのである。彼ら外国人もやはり表と裏の別な顔を持っている。

「人身売買というとアフリカ当たりから黒人を連れてきて奴隷にする、なんてことがすぐに連想されますが、もちろん、今はそんなことはありません。また、そのようなことをするのは、アメリカであるとか植民地政策を大々的にやっていたイギリス、フランスあたりが今でもやっていることじゃないかなどと思い込んでいる人もいるでしょうが、それも違いますね。そんなのは何世紀も前の遠い過去の話です。現実的でシリアスなのは、人身売買は日本においてかなりの件数が行われている、そして、その多くは実は表沙汰になっていない、ということなんです」

公安調査庁関係者がこう言う。

日本人にとって人身売買というのは現実問題として決して遠い存在ではないのである。

では、一体誰が人身売買など、人でなしの所業を手掛けているのであろうか？

「それがわかれば苦労はないのですがね。誰もが最初に考えるのは、暴力団関係でしょう。確かに以前は彼らが手掛けていました。以前といっても、戦後十年二十年という話ですからね、遠い昔ですよ。今、それを引き続きやっている暴力団はもちろん、いません。暴力団の息のかかったブローカーすらいなくなった」

すると、一体、誰がそれを？

「二〇二〇年のレポートで人身売買と見なされるケースは多くなっているのにもかかわらず検挙数は限りなくゼロに近い、これは関係当局の怠慢である、だから格下げ（Tier2）にした、となっています。これ、非常に大事なことで、つまりは（人身売買を）一体誰がやっているかわからない、ということなんです。実は、その傾向は、何年も前からなんです。だから、（人身売買の）数が減らない。日本はある意味、人身売買のヘイブン（天国）ですよ、今や」

この問題が、グオや翟夫妻、そしてT氏につながっていくとは、想像もつかないことだった。

考えてみれば、翟夫妻の場合を反芻《はんすう》するまでもなく、T氏は人身売買に必要な情報の担い手なのである。生かすも殺すも、それはT氏の判断ひとつなのだ。例えば、これがお金だった場合、直ちに足がつく。ある会社の経理担当者は当然のことだが、常にお金を扱っている。そして、その人の裁量でお金は動かすことができるわけだ。他の部署の社員ではこれはできない。もっとも、それを試みようとした経理担当者はそれこそごまんといるだろうが、実際に行動に移す者は稀有《けう》である。足がつくからで、実行した者は、例外なく（いや、知らないだけで例外はあるかもしれないが）法で裁かれている。卑近な事例を持ち出したが、T氏の場合は、経理担当者におけるお金に替わって、これは個別情報なのだ。ここに普段は見えていないループホール（盲点）がありはしないか。

「特に中国、ベトナム、フィリピンから日本にやってきた人たちが人身売買の対象者になっていることは否定しません。国防総省のレポートは正確を期しています。そこから先、（人身売買を）される側の情報がどこから出て、どこに行って、（人身売買が）実行されるのか、それを追いかけ、事実をつかむのがわれわれの仕事」

公安調査庁関係者は重ねていう。

T氏について検証しなければならない。少なくとも、翟夫婦、グオについては、T氏は必要以上の関係に埋没していたのだ。そこに至る過程に、人身売買という触媒があった可能性は十分あるのだ。

そもそもグオは、ボートピープルのベトナム人夫婦が姫路の団地にいたときに生まれた。そのまま、その夫婦に育てられれば（実の親子であるから、当然のことなのだが）、グオはまた別の人生を歩んでいただろう。なぜ、グオは翟夫婦に渡されたのだろうか。今となっては、誰にもわからないことだが、ひとつだけわかっていることがある。それは、グオのケースは人身売買だった、ということである。これは日本国内で行われただけで、子どものやりとり（売買といっていいだろう）は、ベトナム人（難民）と中国人（偽装難民）の間で行われているため、日本人が介入していないことから、うっかりすると人身売買と見做《みな》されず看過されてしまいかねない。実際、看過されていたわけだが、実はこれは、れっきとした人身売買だったのだ。

元センター職員で、T氏の後輩が言っていたではないか。

『ええ、ベトナム人夫婦から翟夫婦に、男の子を引き取ってあげたのも、横浜の団地に翟親子を住まわせてあげたのも、Tさんでしたよ、粉骨砕身、翟夫婦はそれは感謝したでしょう』

これは非常に重要な証言である。

確かに、それだけ切り取ってさらに仕事というフィルターをかけてみると、T氏はすこぶる優秀な職員だったといわざるを得ない。後輩も見習うべき存在と評していた。これが分厚いカモフラージュの壁になってはいなかったか。別の観点から見ると、見習うべき仕事への取り組みもまったく違う面が見えてくる。別の観点というのが、人身売買なのだ。なぜ、T氏は翟夫婦に過分ともいえるような便宜を図っていったのか。麻薬への進出は、このあとである。

そもそもベトナム人夫婦から一歳にも満たない嬰児を翟夫婦に引き取ってもらったのはいかなる理由からなのか。翟夫婦が赤ん坊を望んだのか、あるいは、ベトナム人夫婦が我が子を手放す決心をしたからなのか。そこに、T氏が積極的に入っていったのは、業務への情熱のなせるところではないのは明白である。なぜならそれは業務の範疇を著しく逸脱しているからだ。おそらく、好意に見せかけて、この取引を成就させたのであろう。それは業務への情熱などではなく、まったくの別物、つまり、あることを企図した上での行為だったと判断できるのだ。それが人身売買のことだったというのは、まず間違いのないところであろう。肝心なのは、実際にそこで赤ん坊が取引されていたということである。

「え？　あの時の一件ですか？　まったく問題はないと思いますよ。法的な手続きはすべてTさんが行いましたが、そこに問題があったなんて聞いていません。（問題なんて）断じてないですよ」

後輩は断固としていう。法的には確かに問題はないだろう。そのようなところでベテラン職員のT氏に抜かりがあるわけはない。

新宿区病院理事長襲撃事件

新宿区病院理事長襲撃事件でグオが実行犯として当局が認めたのは、現場の防犯カメラからトレースした資料に基づいている。

「(事件現場の)防犯カメラには犯行時の様子ももちろん捉えられていた。それだけじゃない。犯行の前にも現場に来ているんだ、グオは。下見だな。犯行、現場から逃走、それから、仲間のところに行っている。都内だよ、アパート」

熱海市内の住宅、それに都内のアパート。グオは、この事件を起こす数日前に日本にやってきたことになっている。

元々日本で生まれたグオが日本にやってくる、というのは奇妙な話に聞こえるが、彼は十三歳のころ、いったん日本を離れ、中国に行っている。中国では、日本での里親である翟夫婦のもとでやはり暮らしていたということだ。そして十三歳以降、ずっと翟夫婦のもとにいたのかはわからない。翟夫婦は、日本を捨てて、中国に戻っていたのだ。

それにしてもグオの立場は極めて不安定である。グオの正確な故郷とは、日本である。日本で生まれ、日本で育ったのである。ところが、いつの間にか中国籍になっている。このあたりのからくりがどうなっているのかは、まったく不明だが、中国籍であっても、グオは、翟夫妻の子どもとしての籍はないのだ。中国には暫住証、居住証なるものがあって、条件は異なるが戸籍の取得は比較的簡潔にできる。それは、都市部における労働力の大量確保のためである。どさくさとまではいえないが、現実はそれに近い。グオが、中国に入ってきた二〇〇〇年頃は、農村戸籍であるとか都市戸籍なるものがあって、比較的自在に戸籍を転ずることもできた（今現在は、それらは撤廃されている）。グオについては不明な点が多いのは致し方ない。それは戸籍だけの問題ではない。横浜の団地で翟夫妻の元に棲息していた時期は、T氏との関係もあってかなり見えてきたが、いったん日本を離れた後、中国での生活はいかなるものだったのかは、そのほとんどがブラックボックスである。語り部も見つからない。


「これか」

「これだな」

「間違いないね？」

延べ八人超の捜査員がモニターで目視、確認した。

防犯カメラを解析していたチームが、グオを認めたのは、事件から一ヶ月後だった。

グオは、犯行の前日、二〇一九年十月二十四日に事件現場に下見に来ている。それは、つかんでいた。念入りに辺りを見回し、上を見上げ、駐車スペースを測っている。実行犯の人着（人相・着衣）はしっかり頭に入った。

カメラは、前日の下見の模様を捉えているが、むろん、当日の様子も押さえている。

被害者が、現場に車で到着する。車から降りる。ドアロック。

その時。

グオは獣のように理事長に静かに近づき、後ろから組みついてきた。覆いかぶさるようにして、ナイフを首の後ろに突き立てる。

二回。

被害者は気を失い、崩れ落ち、その場に横たわる。

その間、十八秒。

黒豹のように駆けだし、駐車場隅の車に乗り込む。流れるようにその車は現場を離れた。

車種、ナンバーはしっかりと捉えられていた。精度の高い防犯カメラの威力はすさまじい。まるで演出されたように惨劇のすべてが映し出されている。下見の様子も逃走の一切も、車のナンバーまでも。目撃者はいなくともいい。カメラという記憶にも頼らない、正確無比な証人がそこにそっと据え付けられていればいいのだ。

グオはこの防犯カメラのことは意識になかったのであろうか。犯行前日の下見の時にそれは意識しなかったのか。幼いときから、いわば、犯罪のエキスパートとして養成されてきたはずのグオが、このカメラという大敵について無知、あるいは、無視していたとは到底思えない。

警視庁捜査一課、牛込署の捜査は、逃走した車から始まるが、トレースが行き着いたのは、中国の政治活動家グループ、だった。

都内のアパートに逃げ込んだグオは、その翌日、つまり二〇一九年十月二十六日、羽田空港から香港に飛んだ。再び香港の迷宮に潜り込んでしまった。これで、グオはまるで掌《てのひら》から水がこぼれ落ちていくようにいなくなってしまった。

第五章

日本、香港、再び日本

香港に渡ったグオのスポンサー

二〇〇〇年と二〇〇一年の境目、グオは生まれ故郷の日本を飛び出して、香港に向かっている。それから少なくとも、十数年、グオは日本に戻ってきていない。すでに、中国に返還されていた香港で、グオは、一体何をしていたのか。

どうしてグオは、香港に渡ったのか。それをどこまでトレースできるか。一方、翟夫婦は、グオと一緒に香港に渡ったのか。その痕跡は見出せない。

香港に渡ったとき、グオはまだ十三歳の未成年だった。十三歳といえば、肉体的には大人に近づいている。一般的にいえば、まだ完成はされていない。精神的な面からいえば、未だ少年のままであるといって差し支えなかろう。特徴といえば、ナイフの扱いだったろう。ナイフの使い手としては、肉体的あるいは精神的な面を遥かに超越して、完成していたのではないだろうか。

十三歳の未成年（決して少年というくくりはできないであろう）が、生きていくためには何が必要だったのか。彼は、確かに建前こそ中国人の子であり、返還された香港に行った。ならば、生きていく方図はあったのではないか、そう考えることもできる。しかし、この少年は、生まれて育ったのは、日本なのである。そこが（戸籍上は）中国人でありながら、中国人ではないグオという人物の特殊性なのである。中国人グオと中国は、国籍という点を除けば、実はまったく無縁だということに改めて気付かされる。これが、グオに対する意識の盲点になっている。

この盲点が意図されたところでできあがったものか、そうでないかは、グオに対する見方に大きな影響を与える。

なぜ、日本において中国政治活動家のグループは、グオを庇護したか、ここに突き当たるのだ。

実は、二十年前に初めて（もっとも香港ではあったが）原籍地に入り込んだグオは、当地の政治活動家のもとにいた痕跡がある。その痕跡は非常に明確である。

日本の中国政治活動家グループと中国の政治活動家、この点をつなぐための線を誰が引いたか。グオ本人ということはあり得ない。そもそも右も左もわからない少年なのである。

グオにおける中国政治活動家というキーワードは、本国よりも日本の方が時間的に早く関係を持っている。これは重要性の高い事実である。グオ自ら、（本籍地とはいえ）中国の政治に少年時代に関心を持ったとは考えられない。グオが関心のあったことといえば、集めた情報からでも、ナイフと、麻薬密売からもたらされる年齢不相応のカネの獲得であろう。学校にも満足に行くことはなかったのだから(これは、本人の意思ではない)、与えられたものだけに熱中せざるを得ないのだ。そのふたつ(ナイフとカネ)に、もうひとつ、グオの環境に迫ったのが、中国政治活動家だった。

これは、グオが香港の地を踏む以前から、つまり、横浜の団地にいたとき、ナイフ扱いの技能習得に勤しんでいるとき、そして、T氏を媒介して、日本人相手に麻薬売買の最前線に立っていたとき、並行していた。

かたわらには、常にT氏がいた。一九九〇年代のことである。

中国政治活動家は、未開の地に自分たちの勢力を扶植することから始めなければならなかった、その時期が一九九〇年代だったということになる。そして、この時期に、グオは、彼らとの接点ができた、ということになる。

その理由は明快だ。

「扶植にはカネがいる。見知らぬ土地での最も手っ取り早いカネ稼ぎは、言うまでもなく犯罪だろう」

グォは未開の地でのカネ稼ぎの急先鋒として、最適のツールではなかったか。日本においても地下に潜って活動する政治活動家はグォを麾下《きか》に置き、グォは日本人よりカネを引っ張ってくる。そこには、翟夫婦もグォと同じ立場にいたであろう。

こうなると中国政治活動家とグォをつなげたのは、T氏であることは必然になってくる。麻薬密売、人身売買、そして、政治活動家との関係、その礎は、T氏なしに成立しない。この構造で稼がれ、貯められた非合法のカネは、言うまでもなく活動家に流れ、それはやがて、中国国内に雌伏している彼ら活動家同志に流れていったのである。

一九九〇年代半ば頃から登場し始め、二〇〇〇年に入り、地下銀行は爛熟《らんじゅく》する。中国は地下銀行のメッカである。

この地下銀行を使って、カネは日本と中国の間を往還していく。地下銀行など局地的なものだ、といって鼻で笑ってはいけない。計り知れないほどのカネがこの非合法の金融機関を通じて行き来しているのだ。わかっているだけでも年間、数兆円規模なのである。おそらく実際はどこかの国の国家予算くらいは平気で動いていることになる。

そして、政治活動家のカネも地下銀行を通じて自在に動いていく。カネは潤沢にあったのだ。原資は、日本人がグォを通じて買いまくる中国発の麻薬、日本にやってくる外国人労働者たちが主な対象となる人身売買、である。そして、そこに、中国政治活動を標榜する人間の塊が加わってくる。ともあれ、それを仲介するT氏はさしずめ相当なカネを稼いだことだろう。T氏は、このカネが目的だったのか。今は亡きT氏は、そのカネをどこに持って行ったのか。

それもやがてわかってくる。

地下銀行に話を戻そう。

「いまはベトナムなんかもかなりやっているけど、（地下銀行が）出来はじめたころ、一九九〇年から二〇〇〇年半ばは、中国の独壇場だった」（金融庁関係者）。

日本においてもまた、中国国内においても、グオは政治活動という隠れ蓑があったのだ。

香港で会った男、そして、マニラで会った韓国人、深圳で会った男たち、彼らは、この点になると同じ態度を示した。

彼らは、まるであらかじめ打ち合わせでもしているかのように同じ態度に出た。

それは、意外にも、怯え、だった。

それまで饒舌に語っていた男たちは、グオのことまでは、なんとか自然をよそおっていたが、政治活動家との関係となると途端に表情を変えた。

両掌を上に向けて、肩をすくめ、

「No idea（ノー　アイデア）」

まったくとりつく島がない。ただ、その目はそろって震えていた。やがて眼を外す。

「８８８８（uprising　※一九八八年八月八日ビルマ（ミャンマー）で起きた民主化運動にともなうゼネスト・デモ。国民的な規模のデモ）ならば知っているけれどね」と、とぼけ、もう一度、肩をすくめるのだ。

彼らは、確かにグォのことは知っているといいながら、中国国内における本人については具体的なことは一切口にしない。これは、政治活動に深く関わっていることの証左である。おそらく、二〇〇〇年以降、十年くらいまでだったならば、彼らもグォのその時現在の詳細を話したかもしれない。中国国内はともあれ、香港やマニラ、深圳は、中国本国国内よりも政治活動に対する締め付けは格段に緩かったのである。それが怪しくなってきたのは、二〇一一年以降である。それでも、香港は、本国内よりまだまだ緩かった。いわゆる一国二制度が実質崩れ、中国本国からの締め付けが強くなるのは、二〇一九年からである。

日本で生まれ、日本で育ったグォは、十三歳の時に、香港に潜り込んだ。そして、その間、香港だけで過ごしたのか、あるいは、別のところに動いたことがあったのか、その軌跡を迫っていかなければならない。

二〇一九年十月には日本に舞い戻っているのだ。その数日後、グォは、病院理事長の首をナイフで刺している。

グオはそれまでの間、一度も日本には来ていないのか。その間に、育ての親の一人（誠に奇妙な言い回しではあるが、これしか言い様がない。現に翟夫婦という育ての親がいる）であるT氏は死亡している。

グオはおそらく香港においても、また、日本においても、政治活動家グループのもとでなければ生きていく術はなかったのであろう。

「政治活動家のことは知らないが」そんな前置きをして、香港の男はいった。

「グオが香港で何をして暮らしていたかは、誰も知らない。知らないけれどなんとか知る方法はある」

男からある人物を紹介された。あっさりしたものだった。その人物が、どれほどの情報を持っているかわからなかったが、至極当然という顔で、金を要求してきた。紹介してくれた男を信じるほかはなかった。

香港の夜景は、『慕情（Love Is a Many-Splendored Thing）』（一九五五年）の頃から美しい。今は、プロジェクトマッピングとして、夜八時から九龍方面から香港島に向けてさまざまな光のページェントが演じられる。それを真正面に見ることができるデッキがある。そこに、私は夜七時過ぎに男と待ち合わせをした。紹介する人物を連れてくるという。

そのデッキは、ペニンシュラホテルからすぐそばのところにあった。香港の観光スポットになっていて、多くの人が楽しんでいた。陽はまだ落ちていない。

「Yo」

七時半を過ぎた頃、私の肩を叩いた痩せた中年男性がおもむろに現れた。予期せぬ登場といった感じだった。男と握手している。中国語で会話している。男は急に英語になった。

「グオは、ここでは実に（Actually）やり手の売人（Pusher）。すごい稼ぎ手（breadwinner）だ」

これだけいうのに、この痩せた中年男性は、十五秒とかからなかった。こちらからの質問には一切答えない、とはじめからいわれていた。男性は一言、付け加えようとした。

「その金は、その金は」。間をあけた。

「言えないな」

中年男性は、流れるようにその場から去った。この間、一分。これで満足するか。

深圳のシティホールそばにあるショッピングモール。その中に、妙なアイスクリームを提供する店がある。妙としかいいようのないのは、生のストロベリーとチョコレートと、それにかき氷と濃いミルク（ヨーグルトかもしれない）が混ざったしろものなのだ。食べるものか飲むものかそれもうまく伝えることができない。どうにも表現のしようがない。それでも、その店には客がひっきりなしに入ってくる。そして、すべての客はスマートフォンで支払いをしている。現金を財布から出してその奇妙なデザートを購入しているものは一人もいない。

その店で、ある男と会った。

周りはかしましい。奇妙なデザートを好んで食べるのは若い女性ばかりだった。密談には好都合の店である。もっとも男二人で向き合うのは浮いていた。

「大きな声じゃ言えないが、香港××地区の○○の資金はみんなグオだ」

何を言っているのか。この簡単なセンテンスを咀嚼《そしゃく》、そして理解するのに、五分は使った。その間、男は、所在なげにスマートフォンを眺めたり、店の外に目をやったりしていたが、やがて帰り支度を始めた。結局、最初のセンテンスを言っただけで、一言も話さなかった。それだけだった。

その男は、それでも最後の最後に大きなヒントを贈ってくれた。店の片隅に無造作に積まれている新聞の束から文匯報《ぶんわいほう》という新聞を持ってきて、テーブルにすべらせた。そこには、香港の政治デモの記事が大きく載っていた。記事中の写真に写っている一人の人物を指さし、トントンとテーブルを鳴らした。そして、黙って店を出て行った。その記事では、その特殊な政治活動は徹底的に非難されていた。

後で、その新聞は、香港の新聞ではあるが、香港の左派紙、あるいは、中国共産党の代弁者と言われていることを知った。

グオは危険な仕事で得た、それだけに大きなカネを香港の政治活動に流し込んでいたのか。グオ自身が政治活動にどれほど加担していたのかは不明である。しかし、彼らは相互に特異な関係を保っていたことは動かしがたい。


グオの過去は、本人のものなのか。

これまで綴ってきたように、確かに、グオと名乗る男は日本にいた。グオの足跡は、姫路、横浜、そして、香港、である。特筆すべき特徴を持つグオ。そして、十三歳の少年は、二〇〇〇年をもって、ひとまず日本を飛び出した。

このグオと、二〇一九年十月に起きた新宿病院理事長殺人未遂事件の実行犯と見なされているグオは、同じ人物なのか。名前は同じである。年齢も同じである（生年月日は不明である）。国籍も同じである。それだけをもって同一人物といっていいのか。

クリミナル・グループに多少なりとも接触のあった連中が知っているグオは、オンリーワンであろうか。彼らは、確かにグオの名前を知っていた。それも新宿の事件が起きる前からである。

奇妙なことに、グォを知る彼らは、新宿の殺人未遂事件のことは知らない。それも共通していた。彼らは、日本における外国人犯罪集団（クリミナル・グループ）という定義のなかで、グォの名を知っていた。

一方、新宿の事件でグォの名前が取り沙汰されたのは、二〇〇〇年二月になってからである。それは警察が防犯カメラから割り出した。

私はグォの少年時代のことなど、警察からは一片の情報も得ていない。犯罪者側からむしり取った情報だった。

日本で生まれ、少年になって、やがて成人したグォ。そこまでに至るほんの少しの断片だけはなんとか手に入れた。

そして、そのグォと新宿の件を起こしたグォ・シャオフェイが同じ、というのならば、話はすんなりする。

はたして――。

「もうね、なりすましは日常化しているんですよ。わかりますか？　そのこと」

日本で活躍しているある中国人実業家はこういう。なりすまし？　それは何のことだ？

なりすまし――。なりすまし――。なりすまし――。

《「なりすまし」とは、他人の身分証明書を用いて中国の公的機関に旅券申請し、自分の写真と他人の身分が記載された真正パスポートを入手して来日することだ。中国では専門業者が戸籍など関係書類を10万元（約200万円）ほどの相場で売買しており、カネさえ積めば他人名義の真正パスポートを作ることができる。（中略）

警察は「なりすまし」が疑われるケースでも、面倒な捜査を避けて強制送還で多数の不法滞在事件を処理せざるを得ないため、全貌はまったく把握できていない。警察庁や法務省の官僚は私に「なりすましの水際阻止は不可能」と内々に認めている。

その手口は全国に広がっていると見られる。実際、私が警察学校で通訳捜査官に講義した際、参加した各都道府県の若手捜査官は全員、「なりすましの取扱経験がある」と答えた。バブル崩壊により、本人名義で入国しない（できない）ような中国人が大挙して日本に訪れれば、犯罪が増える可能性も高いだろう。》（警視庁で北京語通訳捜査官を務め、中国人犯罪に詳しい坂東忠信氏によるレポートより抜粋　SAPIO　二〇一五年十月号）

可能性の問題を言っているのであって、グオはなりすましだったとはもちろん断じ得ない。カオスはカオスを呼ぶ。一人の男の正体はまさしく霧のごとくだ。

グオ・シャオフェイ、この奇妙な外国人は、一体、何者なのか？

『世田谷一家殺人事件　侵入者たちの告白』を再検証

時を越え、『世田谷一家殺人事件　侵入者たちの告白』（草思社）の時とは事件に対する見方、考え方が大きく変わった。同時に取材方法も表現の仕方も変わった。ただがむしゃらに捜査関係者から話を聞く、あるいは、犯行に関わりを持ったとされる人物（それも元を正せば捜査関係者から得た情報に基づいていたことがままあった）を探し求めて彷徨するようなことは極力避けるようにした。特に捜査関係者から得られる材は、さまざまな思惑に満ちていることに気付かされた。

捜査関係者にしてもいうまでもないことだが、二次情報に過ぎない。現実には、二次であればまだしも、材を得たときには、五次だったり六次だったりしていたことにまったく気付かずにいたケースもあった。発生した事件に迫るためには、捜査関係者にあたる以外は詳細情報をつかみとる術はない。事件の性質によってはまったく異なるが、特に殺人事件の場合、被害者側から事件についての情報はほとんど出ない。畢竟《ひっきょう》、取材対象は捜査関係者ということになるが、ここに大きな陥穽が口を開けていることが往々にしてある。有り体に言うと、捜査関係者にしても実はほとんど知らないのだ。この実にシンプルな事実を無意識に無視していたところは多分にあった。ただ、一概にその方法が間違っていたとは思えない。まずは、それしかない、のである。ただ、見方、考え方を変えた時、おのずと取材方法が異なってくることにようやく気付かされた。

未解決事件ともなると、とかくその関心は犯人にのみ集中してしまう。それは、止めることのできない勢いなのである。この勢いは取材者にとってみればすなわち読者の関心ということになる。そこに応えるべく奔走することは、果然、事件に最も肉薄している警察から滲《しん》出《しゅつ》してくる情報を求めるようになる。それだけに血道を上げることになる。そのほかには目もくれなくなってくる。情報の選択の余裕もまた冷静さもなくなってくる。もちろん、それを否定するものではない。報道の常道である。しかし、未解決事件の場合、この常道だけに依拠してしまうことの危険性は確かにある。その危険性にはなかなか気付かない。

二〇〇〇年十二月三十日二十三時三十分を廻った。十九世紀は、あと残すところ二十四時間と少し。世紀末のその夜。

東京都世田谷区上祖師谷にある一戸建ての家で惨劇は起きた。

どこにでもいる幸せな一家は、抗いようのない突然の暴虐の突風で、容赦なく引き裂かれてしまった。宮澤みきおさん（当時四十四）一家を襲ったこの事件は、絶対に風化させてはいけない。何年経過しようとも事件は必ず解決する。なんの前触れもなく好き放題吹き荒れた悪魔の突風の正体を突き止めなければならない。誰にも起こりうる可能性があるだけに、解決を他人に委ねておいていいわけはない。

家屋は、二階建て住宅である（建築基準法によると三階部にあたるいわゆるロフト部分は、階として数えない）。

犯人はどこから侵入したのか。一階玄関からか。二階の浴室、同じく二階バルコニーなど考えられる場所はいくつかある。明確に断定されていない。ちなみに警察はこの点は発表していない。

犯人は一家四人にどのように手をかけていったのか。

その時、一家四人はどこにいたか。

みきおさんは、一階の事務所（仕事場）にいたとの見方が強いが、二階のリビングに妻の泰子（当時四十一）、長女のにいなちゃん（同八）と一緒にいたとも考えられている。長男の礼くん（同六）は、三階部にあたるロフトのベッドですでに就寝していた。

凶行の三時間近く前には、二階リビングで四人そろって夕食を食べた痕跡がある（二階は、ダイニングキッチンが併設されている）。夕食後、家族全員でくつろいだあと、みきおさん以外はリビングに残った。礼くんは、十時も過ぎると眠りに就く。

十一時半ともなると現場周辺は森閑となる。それはとても二十三区内とは思えないほどだ。それは、今も二十年前も変わらない。現場はたしかに住宅地の一角ではあるが、正確に言えば周辺に他人の住宅はない。つまり、隣接する住宅がない、ということだ。宮澤みきおさん宅に寄り添うように建つ一回りほど大きい住宅は、泰子さんの実家である。泰子さんの母親や姉妹が住んでいた。この二軒を合わせて親族が暮らす住宅と見なされる。世田谷区の住宅街というとある程度住宅が密集しているイメージだが、現場はそれとはかなり趣を異にしている。公園、空き地、小さな川沿いのちょっとした林が周りにあるだけだ。この状況が、下手人にとって有利だったのか否か。それはわからない。

犯人は世紀末の深夜、宮澤みきおさん宅に突然踏み込む。予想も予感も前兆も、何もない。幸せを有無を言わさず蹂躪《じゅうりん》した。これは、人間の所業ではない。

泰子さんの実家では、その日の二十三時三十分頃、ドスン、という大きいが鈍い音を泰子さんの姉が聞いている。これが、凄惨な犯行を示唆する唯一のリアルタイムでの〝証拠〟といっていい。

この音については、判断の分かれるところだが、最も考えられるのは、みきおさんが二階から一階に転落したときに発せられたというものだ。

みきおさんは、一階階段下で絶命している。

下手人は、一番最初にみきおさんに襲いかかった。それは一階であった。一階みきおさんの仕事場（子どもたちの勉強部屋でもあった）は、二階リビングほど荒らされていない。リビングは、天地をひっくり返したかごとく荒らされていた。悪魔の所業が象徴的に現れていたのが、リビングだった。一階で犯人がこだわりを持って使い倒したのはパソコンだった。スチール製のデスクの上にそのパソコンはあった。

みきおさんは犯人の襲撃から逃れるために二階に行ったのではなく、二階にいる大事な家族を守るために二階に向かったと考えるのが最も合理的である。そこで、犯人ともみ合いなり、凶器を振るわれた。みきおさんは、被害の度合いが最もひどい。想像を絶する被害状況だった。これは、犯人に抵抗したことを示している。凶器に陥った人間はあらがう相手に対しては異常なまでのダメージを与えようとする。相手が絶命しても執拗に攻撃を加える猛獣がいるが、まさにそれと同じである。一階階段下に転落したみきおさんはその時すでに絶命していたはずだが、そこにも攻撃が加えられた。身の毛もよだつ所業である。下手人はすでに人間ではなくなっていたはずだ。けだものはエスカレートする。それは強いて言えば、攻撃者のプライドを傷つけられた故である。この自分に向かってくるとはどういうことか。この身の程知らずが。少しの怯懦《きょうだ》が命取りになる。身を滅ぼす。これは、獣の心理である。殺戮《さつりく》の目的は、例えば、特定の個人にあるわけではない。かつて、公衆の目前で罵られた、蔑まされた、プライドを傷つけられたの類いは、そこには一切ない。宮澤みきおさんについてそのようなことは、絶対、ないのだ。それは、みきおさんのご尊父、良行さん（故人・二〇一二年死去）の言葉が証明している。刻み込まれた言葉は、どのような物証よりも強い。動じることはない。

かつて、ご尊父の宮澤良行さんは筆者に対して直接、こう語った。

「（みきおさんが）人を傷つけたり、人に恨まれたりすることはありません」

この言葉をご尊父から受けたのは、事件が発生してほどない頃だった。週刊誌の取材で、ご尊父には幾度となく取材し、その都度、話をしてきた。その時に、この言葉を受けたのである。確信に満ちた言葉だった。

宮澤良行さんとは、実は事件発生後、週刊誌の取材をしている際に何度か話をうかがっていた。前書が刷り上がったときにそれを携えて浦和（現さいたま市）のご自宅にお邪魔したことについては後述するが、その時以外にも何度かお目にかかりもしたし、電話でもお話を聞かせてもらった。

「息子（みきおさん）の仕事のことを警察がくどくど聞いてきました。私も仕事のことはよくわからないので答えられなかったんです」、とか、夜八時過ぎに電話をかけたときなどは、

多少息せき切ったような様子で、
「いま、ちょうど帰ってきました。（住居）地区の集まりがあったのでね……。何かありましたか？」、といったようなことを話してくれたりした。いずれも、事件発生後、一ヶ月も経たない頃のことである。事件から受ける精神的な負担は計り知れないだろうに、それでも、地元の集まりに顔を出すご尊父に素直に頭が下がる思いだった。もし、これが自分の身の上に起きたとしたら、とてもじゃないが近隣の会合に顔を出すなどということは出来ないだろうと強く感じた。行きたくないという思いを振り払い、気持ちを鼓舞して会合に出る、ご尊父に、人として何をすべきかを見せられた思いがした。

後ほど、二〇〇九年二月に、殺人事件被害者遺族の会「宙の会」を結成する。同会は（殺人罪などにおける公訴時効制度の存続理由の一つとされていた「時の経過とともに遺族の被害感情は薄れる」という考え方を否定し（傍点筆者）、公訴時効の停止・廃止を国や世論に訴えていくことを第一の目的としている。公訴時効の撤廃を求める活動を開始したのは、右のような人並み外れた精神力のたまものだった。ご尊父は、同会の初代会長に就き、会の結成後、わずか一年で、公訴時効の撤廃は実現した。驚くべき推進力である。筆者は取材で、その片鱗を見る思いがした。

ただ、ひとつ、今でもくじけそうになるような思いがある。そのことを想起するたびに悄然《しょうぜん》とする。

それは、民放テレビ局の朝のワイドショーのことである。その番組内で、前書が取り上げられた。批判的な取り上げ方だった。司会者からコメンテーターまで、よってたかって私の本の内容をくさした。前述のように、警視庁が、異例の〝抗議〟をしたほとんど直後のことである。今となっては、本の中身のどこの箇所を、テレビカメラの前であれこれ論じていたのか憶えていないが、決定的なダメージはこの特集の最後に映し出された。テレビスタジオで、司会者やコメンテーターばかりが映し出された退屈な場面に、知った人が登場した。宮澤良行さんだった。いつになく厳しい表情を浮かべていた。いやな予感がした。何を言うのだろうか。その時、ご尊父は、こうコメントした。

『犯人を突きとめた!、というのなら、目の前に連れてきて欲しいです』

〝犯人を突きとめた!〟というのは、本の帯（背表紙の部分）に刻まれている。息をのんだ。ご尊父は、これまでの取材の時も、また、出版前の訪問の時にも、そのような表情を浮かべることもなければ、そのような趣旨の言葉も出ることはなかった。

〝どうして〟

緊張が一気に崩れて、虚脱してしまった。

それ以降、ご尊父に会うことはなかった。ご尊父は、二〇一二年九月六日に無念にも他界した。

ご母堂の宮澤節子さんについては、前書で冒頭部にご自宅で取材したときのことを綴った（プロローグ「鬼の言葉」）。

この部分が、マスコミのバッシングの対象になった。

「お母さんには会っちゃいないだろう」、「話を聞いてもいないものをつくりあげるな」、これがバッシングの趣旨だった。

ご母堂と会ったのは、浦和のご自宅だった。週刊誌の取材でのことだった。予期せぬ出会いにご母堂は言葉少なにこう答えてくれた。

「なぜ、うちの子たちだけがあんな仕打ちを受けなければならなかったのでしょう？　私には全然わかりません……。もう、私には口を利く元気もありませんから……。私の方が先に逝くはずだったのに……」

確かにその夜、ご母堂からこの台詞は聞いている。会ってもいなければ、話を作り上げるなどとは、思ってもみないことである。著書へのバッシングはまったくかまわないが、話を作り上げる、というのはあまりの言い様である。

あの夜は、大げさではなく凍てつくような寒さだった。近くの体育館の駐車場に車を停めて、歩いて自宅を訪れた。その日が、宮澤さんの実家である浦和の自宅を訪ねる最初だった。何回か迷って、ようやくたどり着いた。家は暗かった。誰もいないようだった。それでも、ドアをノックした。その時は何も気付かないでいた。明かりは灯っていないように見えたが、家人はいた。内からドアが開いた。

　それがご母堂だった。

　名刺を渡して、取材の趣旨を告げる。じっとこちらを見ている。そして、先の言葉を口にした。

「主人は、今、出かけています」、そう言った。「わかりました、折を見て電話を差し上げます」。こう言ってその場を辞した。

　あとになって、とんでもない間違いを犯していたことに気付かされた。

　ノックしたドアは、玄関ドアではなく、勝手口だったのだ。

　従前、ご尊父から、こんなことを聞かされていた。

「家内のショックが大きくてね、とてもじゃありませんが、取材やなんかに応えられるような状態じゃないのでね、そういうのは、ぜんぶ、私（ご尊父）が受けることにしているんですよ」

　これは、ご尊父の質実で厳粛な要望だった。

筆者自身にとって、実に浅ましい話を打ち明けなければならない。良行さんから、ご母堂のことを、そのように聞かされていながら、いざ、勝手口にご母堂と思われるご婦人が対応したのを認めたとき、筆者の思いは思わず勢いづいた。どこのメディアも取れない、母親の話が取れる、という思いだった。浅ましいとしか言い様がない。

それだけに、このときの記憶は正確に刻まれている。名刺もきちんと渡している。さらに、そのあと一時間ほどして、自宅に電話を入れた。宮澤良行さんは、帰宅していた。ご母堂に対応してもらったことを告げると、「近所の会合に出ていたので」、と良行さんは言った。勝手口の方での対応ということは、もちろん、伝えていない。勝手口だとは思っていないのだ。

前書が出版される直前、その自宅に行って、ご尊父に挨拶をしたが、その時、初めて、ご母堂と会ったのが勝手口だったことを知った。めまいがするような思いだった。知らぬこととはいえ、という言い訳の文句が頭の中に渦巻いた。

そのことを、ご尊父の書斎で話すと、さすがに苦笑をしていた。そして、ご自身がいなかったことを、あのときと同じように、「近所の会合に出ていたので」、と話した。

ご尊父の埼玉県の本棚には、トーマス・マンの代表作である『トニオ・クレーゲル』が収まっていた。

ご尊父は、『トニオ・クレーゲル』の主人公である、トニオ・クレーガー、すなわち、トーマス・マン自身をご子息のみきおさんに重ね合わせていたのではなかったろうか。トニオ・クレーガーは、父親よりも母親の血を多く受け継いでいた。「作家」としての人生を貫こうとするトニオの根底には、実は市民気質が脈々と流れている。それは逆らいようのないトニオという人間の本質であり、それは、実は父親から譲渡されたものであるということを透視していた。それを現実に投影させていたのではないか。

前出のご尊父によるみきおさんの評価は、『トニオ・クレーゲル』を読み解いたことから獲得した摂理ではなかったか。ご尊父の言葉は、トニオがリザベータ宛てに出した書簡と比類するものではなかったか。

それ故に、この言葉は真理である。ここで犯人の目的は怨恨ではないことがはっきりする。

ご尊父は、こんなことも教えてくれた。名前についての規則である。

「名前はどのように読んでもいいのです」

つまり、人の名前はどのような漢字をつかってもその読み方は自由に読ませてかまわない、ということなのである。例えば、ファーストネームが一郎、という字を使うとする。それは、ごく一般的には、いちろう、と読ませるであろう。ところが、戸籍上は、なんと読んでもかまわない。一郎と書いて、さぶろう、と読ませてもいいのだそうだ。それはこんな風な自己紹介になる。「自分の名前は、書けば、一郎、となるんですが、ご存じのように、さぶろう、なんです」、ということである。この話を宮澤良行さんと交わした。二〇〇六年初夏のことである。つまり、『世田谷一家殺人事件　侵入者たちの告白』を出版する直前のことである。その時、この名前のことを話し合った。なぜ、そのような話になったのか。

それは、筆者のことだった。版元から、「本名でこの本を出すには、あまりにリスキーなんで、ペンネームで出しませんか？」と打診されて、ファーストネームだけを変えることにした。宮澤良行さんのもとに、刷り上がった本を出版前に版元の編集者とともに持って行った。前述のように、事件発生時からご尊父には取材していたわけだが、その時は当然、本名の名刺を渡している。ファーストネームが違うのである。その説明をしながら、名前の話になった。「これ、なんとお読みするんですか？」、ご尊父が、変えたファーストネームを指して尋ねた。指された先には、寅、の字がある。筆者の本名は、真、だが、それが、寅、に変わっているのである。

「寅、と書いて、しん、と読ますのです。辞書を繰ってようやく、ひねくり出しました。本名を音読みして、それに該当する字を探したのです。しん、なんてあるようで、なかなかないものですね。ようやく、寅、という字に巡り会ったという塩梅です。いや、別に、車寅次郎（フーテンの寅さん）のファンではありません」。こんなことを筆者が言うと、ご尊父は穏やかな笑いを浮かべて、「そうだったんですか、なるほどですね。けれどね、」といって、名前の話をしてくれたのだ。「字にこだわらず、好きな字を使って、好きに読ませたらいいのです……」

刷り上がった本を開いて、ご母堂のことを話した。

奥様のことですが、最初の章で書かせてもらいました。まだ、週刊誌の記者をしていたときのことです。ここ（ご尊父の家）に来て、はじめて奥様にお会いしたときのことです。そうですね、夜八時近かったと思います。玄関ではなく、裏の勝手口の方でほんの少しですが、取材させていただきました。その時に名刺はお渡ししました。お父様はその時こちらにおられませんでした。何かの会合にお出かけと奥様はおっしゃっていましたが……」

「〇〇さんのところに行っていたのかな」、ちょっといぶかしげに皺を寄せたが、本をめくった。「もちろん、あの時分は大変だったが、それでも、私も時々出かけていましたからね、それで、（ご母堂が）対応したのでしょう」

この訪問の際、初めてあげてもらったご尊父の書斎の本棚に、『トニオ・クレーゲル』を見た。その背表紙を見ていると、六年前、ご尊父が決然と言った、「人を傷つけたり、人に恨まれたりすることはありません」、というフレーズが。突然、思い出された。記憶は何年もの間で綴りおられている。

梅雨が始まる前の穏やかな晴れた日の午後だった。

嘆くことも、諦めることも、忘れることもできない

犯行は続く。

みきおさんを階段の下踊り場に屠った犯人は、次のターゲットに向かう。三階ロフトにいた泰子さんとにいなちゃんである。二人は、無抵抗のまま、刃物の餌食となった。泰子さんは、にいなちゃんをかばうようにして、二人は折り重なるようにリビング入り口の階段上踊り場で息絶えている。階段を挟んで、みきおさん、泰子さん、そして、にいなちゃんが命を絶たれていた。

泰子さんとにいなちゃんは、犯人が侵入して凶行に至ったとき、三階部のロフトにいた。礼くんは、二階リビングとは少々高低差のある寝室の二段ベッドの下段で眠っていた。六歳にとっては、十一時半は眠っていなければならない時間である。犯人は、どういう理由で、起きてもいない礼くんを亡き者にしなければならなかったのか。

ここまでのおぞましい凶行は、時間にして数分で終わっている。犯人は、侵入してから直ちにみきおさんを襲撃しているから、すべてが終わってもまだ、大晦日にはなっていなかっ

た。

そのあと、犯人は夜明け近くまでこの家に居座っていた。

一階にある事務机の引き出しを物色した。

引き出しの中身を水を張った二階浴槽にぶちまけた。

二階トイレを使った。

二階キッチンの冷蔵庫からカップのアイスクリームをふたつ、むさぼった。

一階のみきおさんのパソコンを立ち上げた。

四人のなきがらと一緒に、それも、すべて自らしたことだが、その中で犯人は数時間過ごしていた。二〇〇〇年十二月三十一日の日の出は六時二十分頃である。少なくとも犯人は、六時間くらいは現場にいた。


まちがいなく人間の仕業ではない。

この未曾有の凶行は、現場の状況が明らかになればなるほど、犯人の目的が焦点を失っていった。この異常な事態が、既成概念で凝り固まっている捜査員を翻弄した。

「犯行そのものやその後のこと、現場の状況が明らかになればなるほど、わからなくなってきた。そりゃ、（犯人を）異常者の一言で片付けるのは簡単なんだが、こっちはそうはいかない。その異常者を連れてこなきゃいけないんだ」（警視庁捜査一課刑事）。

一家殲滅《せんめつ》をしたかったのか？　カネを狙ったのか？　誰かに対する恨みか？　それとも――。

「遺留品が山となっているのも、科学捜査が進化して、次から次に新しい何かが出てきても、実はさ、俺たちにしてみるとな、正直なところ、戸惑うばかりなんだよ。混乱ばかりだ。DNAで、どこどこの血が混ざっている、だの、遺留品の中に聞いたことのないような化学物質があった、アメリカどこどこの砂が検出された、何かすごい発見のように聞こえるけれど、それが一体、このむごたらしい事件の犯人の何につながるのか、動機の何につながるのか、ますますわからなくなってくるんだ。いつも考えるんだよ、犯人は、殺すのが目的だったのか、この家で誰にも邪魔されず何かしたかったのか、物盗りなのか、そんなことすら何もわかっちゃいないんだ、何も、だよ。最近、時々いるだろ？　人を殺してみたかった、って言って、本当にそれをやっちゃう奴。動機もはっきりしている。世田谷の場合、これ？　そう考える捜査員だってこれまでにもたくさんいたが、それも無理じゃないよ。事件や犯人に、意味を持たせなければいけないって、特に世田谷に関しては強くあるんだよ、警察全体で」

大量の遺留品や犯人の現場での詳細な態度がわかればわかるほど、そこに意味を持たせようとする。警察としては、犯人を絞り込むために必然的な意識と行動になるのだが、これはすべて裏目になってしまっている。

「何一つ意味を持たせられない、現場での態度も遺留品一つ一つも。これまでの事件では、ここまで事件に関係するモノも状況もつまびらかになったケースはない、オレの記憶によるとね。嘆くのか、諦めるのか、忘れるのか。そのどれもできない」

しばらく沈黙する。

「何にもわからないんだ」

この事件は、二〇〇〇年十二月三十日二十三時三十分に発生した。被害者遺族、同じく知人、友人、関係者、そして、捜査関係者に共通することがある。ここを境に、何もかも分断してしまったことだ。事件の前後がつながらない。それは、事件そのものが二十年経過した今でも、何もわからないままだからである。

刑事が嘆くように、発生してから、何もわかっていないのだ。でも事件は現実に起きている。刑事の言葉を借りれば、嘆くことも、諦めることも、忘れることもできないのだ。

この残酷。

先の戦争さえ、（日本における）ピリオド（終戦）から七十五年が経過してその原因がすべてとは言えないが、わかりつつある。ところが、この事件は、繰り返すが、二十年が経過しようとしているのに、何一つわかっていないのだ。どこかで必ず、この分断をつなげなければいけない。

第六章
銘肌鏤骨　あの夜を忘れるな

真実を掴み出せ

明治大学の本学は駿河台にある。同学傍のビルの一室に、「宙の会」はある。殺人事件被害者遺族の会というのが、この組織の正式名称で、公訴時効の撤廃が、この会の第一の目的だった。だった、というのは、法定上限が死刑にあたるような重大事件については公訴時効が撤廃されたのだ。宙の会が結成されて、一年後のことだった。会の目的は、まず、重要事項で達成されたのだが、とりわけ未解決事件においては、風化という実にやっかいな問題が残される。

事件による容赦ない分断は、この風化という厭も応もない人間の性によって増長される。それは、確かに増悪といっていいだろう。増悪は、いくら埋める努力をしても、やがて分断の状況に戻してしまう。まるで養浜をほどこした海岸が知らぬ間に元の浸食状態に戻っていくようなものである。たとえ公訴時効が撤廃されたとしても、事件そのものが忘却の彼方になっていくとしたら、取り返しがつかない。なんとしても分断はつながれなければならない。

宙の会は、公訴時効の撤廃については、目的を達した。しかし、これからは、分断を埋める作業と風化との戦いに対峙していかなければならない。

リンゼイ・アン・ホーカーさん殺害事件の遺族であるビル・ホーカー氏が「宙の会」を訪問した際に、同夫人は「娘の事件のような殺人に、英国では時効はない。容疑者が将来、時効で自由になるのは許されない」と意見を寄せた。その通りである。

宙の会の初代会長は、宮澤良行さんが務めた。会には、一九七九年から現在までに発生した凶悪事件の被害者が参画している。

一九九五年に派生した、八王子スーパー強盗殺人事件、ナンペイ事件と呼ばれている（事件現場となったスーパーマーケットがナンペイストアだった）この凄惨な事件では、何の罪のない女性三人（うち二人は当時高校生だった）が醜悪な拳銃によってかけがえのない命を奪われた。

「まだ、ナンペイ（事件）の方が、世田谷より多少だが、わかっていることがある。強盗を働こうとした形跡がある」（警視庁捜査一課関係者）。

ただ、形跡はあったが、結果として、現場にあった金庫（その日一日のスーパーの売り上げが入っていた）はじめ、貴金属は持ち去られていない。三人の尊い命だけがむなしく奪われた。

「怨恨説も根強いんだが、そう、われわれの間でもそうだが、被害者の年齢を考えてもそれは無理がある。被害者は当時高校生ですよ。いずれも非常に健康的な高校生でした。殺害の方法は確かに残忍極まりないが、怨恨というのはあまりに無理がある。もう一人の被害者は、当時、四十代後半だった。そのため、この人が怨恨の対象などとまことしやかにささやかれたりしたが、一人に対する恨みで、あと二人を惨殺するというのは犯人の心理として考えられない。それだけに強盗説は有力なんだ。ただ、なぜ、凶悪な殺人だけ犯し、結局、何も盗らずに逃走したのか。今、定着しているのは、三人も拳銃で殺害しておいて、気力というか、犯行を犯す機動力というのが萎えてしまったのではないか、という見方だ。これは最も納得できる見立てだ。自分もこれだと考えている」(同)。

現場の状況を精査すると、やはり、強盗目的と判断できる、というのだ。

この事件は、現在においてもコールドケースだが、分断の度合いが世田谷一家殺人事件に比べれば多少だが緩和されている。つながる可能性を残しているのだ。その大きな要因が、強盗説に伏在している。

宙の会に賛同している被害者のなかでも、一途に事件の風化を食い止めるべく活動している人がいる。

一九九六年九月九日に発生した、柴又・上智大学女子学生放火殺人事件、並びに、一九九九年十一月十三日に発生した、名古屋市西区主婦殺害事件の両事件の被害者遺族である。いずれも、人外の所業による許されざる事件だが、残念ながら、未解決である。この両事件は、世田谷一家殺人事件とは近い時期に発生している。いったい、この国はどうなってしまったのか――。

一人は柴又の事件の被害者遺族である、小林賢二さん（被害者父親）である。小林さんは、現在、宙の会の会長である。

もう一人は名古屋市西区の事件被害者遺族である、高羽悟さん（被害者夫）で、同氏は現在、同会の代表幹事に就いている。悲しみや大切な家族を失った虚脱感を、それでも押して、気力を振るって、事件の風化にあらがう姿は、すべての人の心を打つ。宙の会の当初の目的である公訴時効は、確かに撤廃されたが、未解決事件ともなれば、犯人はどこかで生きている。生きているだけに、もちろん、笑うこともあるだろうし、心の弾みもあるに違いない。こんな理不尽が許されてもいいのか。

柴又の事件は、捜査も一時は犯人にかなり近づいている。それは、犯行時間が限られている点にある。被害者が不明な時間というのは、短い。ものの十分から十五分程度なのである。放火殺人という事件だけに、現場に残された遺留品は多くない。放火によって消失しているものが多いのだ。むろん、それが犯人の狙いであったことは自明だが、それが却って、被害者の知り合いによる犯行という点に捜査対象を絞り込ませている。

二十四年が経過しても、それでも事件は未解決なのである。

「物盗りじゃない。一万円札は亡くなっていたが、被害者のすぐそばにあった札入れの中の十数万円なんかは、手つかずだったからね。それと……」（警視庁捜査一課刑事）。

一拍、言葉を詰まらせながら続ける。

「被害者は暴行の痕跡はなかった」

犯人の目的は何だったのか。

異様な遺留品のひとつは、からげ結び、だった。被害者の両足をロープのようなモノでぴったりと結び合わせていたのだが、それをからげ結びしていた。

からげ結び、というのは、特定の職種でしか使われない結び方である。造園業、運送業、電気工事業、土木業、それに、古紙回収業などである。これは非常に有力な遺留（品）である。からげ結び、という特殊な（犯人本人にとっては決して特殊ではなかっただろう。生業の中でごく日常的に使っていた結び方だったはずだ）結び方で被害者の華奢な足を縛り上げたのにはそれなりの理由があったはずである。その理由は、推察にとどまるが、それはやはり、被害者を動けないようするためであったろう。

一方、名古屋市西区主婦殺害事件の方はどうだったか。

「被害者遺族は、ご主人だがね、二十一年も経つ今でも頑張っとるんだがなあ、こっちが情けなあてかんわ（被害者遺族は、ご主人で、二十一年経った今でも、（事件解決と風化防止に）頑張っているけれども、自分たち（捜査する警察）はそれに応えられていない。どうにも情けなくていけない）」（愛知県警捜査一課刑事）。

名古屋の言葉は独特である。聞き取るにはちょっとしたテクニックを要する。この事件も許しがたい陰惨な事件だったが、県警関係者の言葉でもわかるように、いまだに未解決である。名古屋弁でまくし立てる関係者の言い様は悔しさが露骨である。

この事件の最大の特徴は、遺留品の精査によって、犯人は女性と断定されている点だ。これは、犯人のものと断定された血痕から検出されたＤＮＡから判断された。

一九九九年十一月のその日、何の前触れもなく凶行は演じられている。被害者一家は、夫婦と幼児（当時二歳）一人の三人家族だった。夫は、朝、勤め先に出ている。ただし、その日は土曜日だった。そのため、出勤時間は平日よりも若干遅めの九時半頃だった。

二歳の長男の具合が前夜から思わしくなく、被害者である妻は、午前十一時過ぎに自宅からあまり離れていない病院に連れて行っている。帰宅したのが正午過ぎだった。ここまでは、すべて然るべき目撃者がいる。

病院から帰宅した二時間後、つまり午後二時頃、アパートの大家が、被害者の部屋に柿を持って訪れた。お裾分けである。玄関ドアは施錠されていなかった。「〇〇さん（被害者の名前）にしては、珍しい」。大家はいぶかしく思った。被害者は用心深い性格で主人がいない部屋の玄関は必ず施錠していたからだ。大家は、その解錠しているドアノブを引いてみた。ふとした行動だった。それが事件の第一発見となった。被害者は、玄関から正面に伸びている廊下の左側にあるリビング兼キッチンの入り口の方に頭を向けて倒れていた。被害者はおびただしい血の海の中に倒れていた。鑑定では、第一発見の時点で、すでに死後二時間は経過していた。

つまり、事件は、病院から帰宅した正午過ぎから、第一発見までの二時間弱の間に起きたということになる。鑑定の結果でもそれはほぼ裏付けられている。

残酷なのは、どのような事件でも度合いなどなくそこに存在するのだが、本事件においては、被害者が倒れていたリビングキッチンには、乳児がいたという点にある。しかも、二歳になったばかりの長男は、眠ってなどはいなかった。事件が発生したときも、また、大家が発見していたときも、そこにいたのである。

おそらく、一部始終は見ているはずなのだ。その幼い網膜と鼓膜は、陰惨な事件の顚末を刻んだに相違ないのである。ただ、不幸中の幸いなのは、長男は、事件については、現在のところ、まったく記憶にない、ということである。

ある報道番組の中で、長男は、『もし、記憶が蘇ったとしたら、それはあまりに自分にとって重すぎる。だから、そうなって欲しくない』、というような趣旨のことを述べている。

それは、まさに偽らざる思いであろう。記憶の回帰があったとすれば、長男が言うとおり、その重さに今後の人生が耐えうるかどうかはわからない。これは決して事件の風化や忘却をうながすものではない。被害者遺族、いや事件当事者の真実の声である。

翻《ひるがえ》って、夫の方は事件の風化に対してできうる限り最大限の抵抗を続けている。事件現場となった、アパートの部屋を今でも借り続けているのだ。そして、毎月、月命日には欠かさずその部屋を訪れ、祈りを捧げる。この地道な努力は必ず事件を解決させるはずだ。

事件が未解決のままというのは、いかなることなのか。

被害者。被害者家族。

殺人事件ならば、被害者遺族。

加害者。

いれば、共犯者。

捜査関係者。刑事。司法警察官。

目撃者。

事件現場近隣の住居者。

それぞれ、起きた事件という一点を中心にして、強いつながりができる。事件は点だが、その一点から広がる立体は想像を超える大きさである。その形も事件ごとに異なる。また、それは、未解決の時間が経過すればするほど膨張し、形も変化を加えていく。

新宿病院理事長殺人未遂事件は、グオが帰国してしまったため、未解決である。ただし犯人はわかっている。

「中国とは犯人引き渡しの条約がまだ成立していない。香港に飛んでいってしまったことはわかっているのだがね、ここは如何ともしがたい」(警視庁関係者)。

日本は、アメリカと韓国の二カ国としか、犯罪人引渡条約を締結していない。これは、ある解釈によれば、「日本には死刑制度があるから」によることだそうだ。つまり、日本に引き渡した途端、自国民が死刑にされてはかなわない、ということである。その思いもわからなくはないが、それは、被害者側に立てば、かなわないのはこちらだ、である。日本国内で重大犯罪を犯した者を、自国内で裁くのは至極当然であろう。

グオは新宿の病院理事長を襲撃したあと、一体どこへその姿を晦ましてしまったのか。

この二十年もの歳月の間、グオは、どのような生活を営んでいたのかは、断片や雑ぱくな概要はともあれ、その詳細について今となってはわからない。

二〇一四年秋に文藝春秋から『警視庁重大事件100』という書籍が上梓された。

これは、一〇〇の事件で振り返る　警視庁創立140年の歩み　広報けいしちょう第63号web版　を大本としたものだが、このランキングに世田谷一家殺人事件は、七位に入っている。それだけ記憶に刻まれている事件には違いない、しかし、この先、この事件がただ記憶の中だけにとどまっていることだけは避けなければならない。

Dig it！（真実を掴み出せ！）

それしかないのだ。

〝世田谷一家〟の家が取り壊される

世田谷一家殺人事件の現場となったあの家は、近く取り壊される予定である。これは警視庁の判断である。遺族の判断ではない。

二〇一九年十二月後半、警視庁は、現場家屋の維持を解除する旨、遺族に通知してきている。遺族は、この家はなくしてはならない、という意思を持っているが、当局からの要請は極めて強い。当然、軋轢が生じる。

遺族は、ここで一部マスコミに現場自宅の公開に踏み切る。二〇二〇年一月半ばである。その際に撮られた映像を見ると、二十年経過しているにもかかわらず、やはり息をのむ。もちろん、事件を想起させるような痕跡は一切ない。家具などは事件当時のままだとのことで、それ以外もすっかり片付けられている。あの浴槽も二階の二段ベッドも、二階トイレも、何もかもクリーニングされているが、当時よりそのままということである。

やはり、その迫力。この物件は解体してはならないことをこの公開映像は強烈に訴えている。その強さは、安全を理由に解体を要請する当局の要請の幾層倍である。

確かに、そうなのだ。この公開の勇気が事件の風化を押しとどめる。名古屋市西区主婦殺害事件の被害者遺族のように、事件現場の部屋を二十年以上借り続けるという渾身の勇気が風化という圧力に抵抗できるのだ。

世田谷の事件現場の公開がもたらすショックは未曾有の事件を〝今〟に引き留める。

妙な見方がある。

名古屋市西区の主婦殺害事件と世田谷一家殺人事件との類似点から組み立てられた見方である。

それは、

どちらも、カネ目的でも怨恨でもない、と見られる。

犯人は、韓国製の靴を履いていた。

犯人は、犯行後、乳酸菌飲料を飲んだ。

刃物を使って被害者の命を奪った。首のあたりをメッタ刺しにしている。

その手口は、ほぼ同じ。

この共通点をもって、事件の類似性と犯人像を洞察しようとする見方である。

警視庁と愛知県警という捜査当局の違いは、こうした共通点からくる見方に何か支障をもたらすものなのか。

「わからないね、言い様がない」。警視庁刑事は言う。

「わからんて、そんなもん」。愛知県警の刑事が言う。

一般的には、警察というのは、例えば、○○県警本部であるとか、警視庁であるとか、そういう区別などは意識せず、すべて〝警察＝けいさつ〟として、共通した認識である。しかし、現実はそうではない。また、それがいいのか悪いのかも、答えは出ないであろう。

ただ、事件被害者のパワフルな勇気は、地域や職務とはまったく関係ないところでその威力を発揮することだけは確かである。

世田谷一家殺人事件の事件現場を二〇二〇年初頭に一部マスコミに公開に踏み切ったのは、宮澤泰子さんの姉である。公開の映像でも姉が集まったメディアの案内をし、また、いくつかのディティールを解説している。姉は、現場に隣接する家に、母親と暮らしていた。事件当時ももちろん、隣家にいた。当日二十三時三十分ごろ、つまり、犯行の時、大きなものが落ちるような音を聞いたのは、姉であった（第一発見者は母親だった）。

世田谷一家殺人事件だけでなく、これまで綴ってきたように、八王子スーパー強盗殺人事件、柴又女子大生放火殺人事件、名古屋市西区主婦殺害事件……、いくつも未解決の重大事件がある。警視庁管内だけでなく、この重荷を抱えている警察本部は少なくない。この懊悩は、どのような方向に向かっていくのだろうか。

「未解決、っていうのは、なんていうのかな、挫折感っていう、ごくごく単純なものだけじゃなく、もっともっとやる気をなくすっていうかな、倦怠感をもたらすんだよ。その事件に割り当てられたら、それは倍増する。病《やまい》ですよ、一生治らない、ね。解決されたら治るのかもしれないが。時間が経てば経つほど解決からは遠くなるだろ？　すると、この病は不治、ということになる。いっそのこと、……」

そこで言葉は途切れる。ある県警本部の警部が言うのだ。

「いや、まあ、いいだろう、これ以上は。私にも人生がある、とにもかくにも未解決事件の呪縛という病と闘っていかないといけないんだ。課せられた義務なんだよ、これは。オレばかり、ついてねえな、なんて愚痴はこぼせないんだ」

事件が起きる、それに対しては、あらゆる事件において最大限の力で捜査がなされるだろう。しかし、報われるか否かは、天のみぞ知るところだ。また、現時点で未解決であっても数分後に一転、解決するかもしれない。解決、未解決は、常に紙一重なのである。時間は容赦なく経過していく。事件という形のない存在は、砂漠で息絶えた生物が長い時を経て骨だけになるように、深い海底に落ち込んでしまった巨大な戦艦が軀体だけを残して朽ちてしまったように変わり果ててしまう。風化の恐ろしさはここにある。

取材を継続したことによって得た重大事実

香港のグオを見たと急報があった。発信してきたのは、香港大学の麓にある日本料理店で会った男だった。

「グオは、○○と一緒にいる。○○は、××新聞社の記者だ」

グオは、政治活動から離れていなかったのだ。香港に去ってからも彼の頼る場所は政治活動家の下、なのである。

重要な点を見落としてはいけない。

それは、グォの存在が、日本においてはじめてクローズアップされた新宿病院理事長殺人未遂事件のことだ。この事件は、結果として、グォという人間の存在をポッカリと水面上に引き上げた。それと、ここを見落としてはいけない。殺人未遂事件、ということである。未遂、だった。これは、未遂となってしまったのか、未遂で済ませたのか。どちらも、グォのさじ加減ひとつで決まることである。

被害者にとってみれば、とんだ災難で、許しがたい犯罪であるのに議論の余地はないものの、第一、なぜ、被害者はグォに狙われなければならなかったのか、それすらもわかっていない。グォはなぜ、この人物（被害者）をターゲットとしたか。これは行きずりの、いわゆる流しの事件ではない。なぜならば、グォは、前日、現場にやって来て下見をしているのだ。入念な計画に従っていることはこれだけでもわかる。その計画は一体何のために立てられたのか？　誰が立てたのか？　グォ本人が自分だけで計画を立て、実行に及んだのか？　疑問は尽きない。

これらの疑問を解く鍵は、ないわけではない。

中国政治活動というキーワードは、これら山積する疑問にヒントを添えてくれる。ただ、注意しなければならないのは、未遂に対する疑問についてはこのキーワードはヒントにはならない。

なぜ、未遂なのか。

これは大いなる疑問点である。なぜか。

グオの特技はナイフである。この恐るべき凶器を自由自在に使いこなせるように身元引受人のT氏とともに恐るべき習練を繰り返していたのではなかったか。その長い習練によって、グオは誰にも負けない技巧を手に入れた。

その技巧を今回の事件では駆使しなかったのか？

「被害者が病院の駐車場（事件現場）に車を着け、降りたところを襲っている。首の後ろを二カ所、刃物で刺している。ためらった痕跡も焦って外したような痕跡はない。最初から、二回だけ、狙った部位を刺す、それを実行した。犯行に手抜かりはない。犯人、グオは正確に計画通りやり遂げたはずだ」（警視庁捜査一課刑事）。

これは一体どういうことだろうか。

「殺人未遂にしたのは、刺された場所を見ても、間違いなく殺す目的だったからだ。そうでなくては、殺人未遂としない。まずは、傷害（事件）だ。なぜ、未遂になったかって？　確かに急所には違いなかったんだが、刺し方が深くなかったといえばいいのかな。繰り返すが、それはためらったものじゃない。その深さも（未遂の）大きな原因だよ」（同）。

するとグオはわざと未遂にした？

「考えにくいが、その可能性は払拭できないな」

被害者は発見時、それは事件発生から数分後であるが、血にまみれていた。誰が見ても絶命のような状態だったという。それでも、一命はとりとめた。もし、それが計画通りの犯行だったとしたら、すなわち、未遂にとどめる計画だったとしたら、その襲撃の技術は瞠目すべきものであることは説明の要はない。もちろん、もし、この仮説が事実として裏付けられるとしても、その先の動機という点については、また、皆目わからない。

なぜ、未遂で終わらせたのか。それは、殺人という目的が達成できなかった故の結果ではなかったか。鍛錬されたナイフの使い手が失策したということなのか。

これは、グオしかわからないことである。

新宿病院理事長殺人未遂事件の捜査は、都内数カ所、それに静岡県熱海市の集合住宅の一室にも家宅捜査が入っている。

静岡県熱海市というのは、特に重要なポイントなのである。それは、実は、新宿病院理事長殺人未遂事件という意味ではない。

世田谷一家殺人事件において、ある証言がある。それは事件発生後、ほとんどすぐといっていい時期に寄せられた。

それは、静岡県のタクシー運転手が、左手に包帯を巻いて痛がっていた男を乗せた、というものである。

前作、『世田谷一家殺人事件　侵入者たちの告白』の序詞では、次のように綴った。ごく短い文なので全文、紹介する。

《捜査関係者のなかには、私が導き出した結論を一笑に付すものがいるかもしれない。私は知っている。事件直後、捜査に協力しようとした一民間人の情報を、傲慢で図体ばかり大きい警察機構が黙殺したことを。それればかりではない。善良なる一市民であったその人物はなんと組織捜査の中で犯人視までされたのである。

私は事件発生直後から、大きな組織捜査のなかで埋もれていった細かな事実をも含め、充分な時間をかけ、丹念に取材、探求したものを本書にてすべて積みあげた。（以下、後略）》

この中で取り上げたのが、先の情報に登場する、静岡県のタクシー運転手のことである。

この人は、若い男をあの日、つまり、二〇〇〇年大晦日午前、乗せている。大晦日にそのような状態の客を乗せたことが印象に残らないはずはない。その記憶は、証拠価値としては集まったあらゆる情報に比べても、正確さ、重要度などの点で抜きん出ていた。しかし、それは生かされなかった。圧倒的な情報量の洪水の中で一顧だにされずに終わったのだ。そればかりではない、ということについては、序詞の中にある。そのことは今はどうにもならないことである。

タクシーは、左手に包帯を巻いて痛がっていた男を含め、三人の男をタクシーに乗せている。世田谷一家殺人事件の現場からさほど離れていない場所からである。そのタクシーは西に向かった。何回かタクシーを乗り換えて、やがて、神奈川県小田原市を越え、静岡県の県境をも越えた。静岡県のタクシーに何回目かの乗り換えをしたあと、また静岡県のタクシーに乗り込む。その時には、けがをした若い男一人になっていた。途中まで同伴していた他の男はわからない。けがをした若い男の言葉が覚束なかったから同伴していた可能性が高い。最後だけは、同伴せずに、最終目的地だけを告げたのだ。それが静岡県だったのだ。静岡県の東部である。最も東に位置するのは、熱海市、その西隣は、三島市となる。けがをした若い男が一人になったのは、静岡県の目的地に到着したら、そこには、タクシー料金の支払い者もおれば、また、いざとなった際に匿ってくれる人間もあるからであろう。

もう一点、有力な情報がある。

事件現場の遺留品のひとつに、ラグランシャツがある。このシャツは、シャツといっても、トレーナーといった方がわかりやすいのだが、一見、ありふれたしろものだが、販売店から見ると限定的なのだ。静岡県の特定の小売店舗がほぼ独占的に扱っていたものである。もちろん、その店舗は、静岡県以外にも出店はしていたが、それは、とるに足らない数なのである。まず、この重要な遺留品は、静岡県内で何も意識しないで購入されたものと判断して間違いない。点をつなぎ合わせて線とする、線を積み重ねて、立体としていく。

事件現場を起点とするならば、犯人の動きは、どうしても西に延びざるを得ないのだ。

そこに、誰がいるのか。

『世田谷一家殺人事件　侵入者たちの告白』では、さまざまは証言を集めて、ある結論を得た。最大のクライマックスはいうまでもなく、実行犯の登場である。然るべきルート、充分信頼できる有力な線をたどって、具体的な証言に遭遇し、そして、獲得した。その遭遇と獲得は、世田谷一家殺人事件の実行犯をまっすぐに指さしていた。

そして、同書において、第10章　二〇〇〇年一二月三〇日となった。この章がクライマックスであることに説明の要はない。

それが次のくだりである。

《Hは世紀末の一二月三〇日、午後六時過ぎに、京王線千歳烏山駅に降り立ち、早足で東京都世田谷区成城九丁目に隣接する同区上祖師谷四丁目にある「祖師谷留学生会館」の脇道を、何か知っている歌を口ずさみながら歩いていた。

すでに日は暮れている。ここで中国人Y、それに、もう一人の中国人Gと落ち合う約束になっているのだ。

世紀末の年の瀬、である。東京に在住している、故郷をもった人々は、すでに家を空けていた。このあたりはとくにそのような帰省組が多い。まわりは慌ただしさなど微塵もなく、行き交う車もほとんどない。いくら東京二十三区の外れといえども、これくらい寂しくなるのは、この時期くらいなものである。

Hは故郷を思い浮かべて、一時ぼんやりしていた。ふと気づくと、すでに六時を一七分も回っていた。打ち合わせは充分に済ませてきた。人選にしても、最強のメンバーのはずである。なんといっても、これは、始まったばかりの組織にとって、はじめての〝仕事〟なのだ。Hは気負っていた。》

その後、十年以上取材を継続しながら、前書の軌道修正はどうしても図らなければならなかった。事件の風化は絶対に進行させてはいけない、と思いながらも、時間は容赦なく経過していく。そのくせ、以前組み立てたはずの事件の骨格は、取材を進行させればさせるほどスクラップアンドビルドを余儀なくされる。時間が経過しているのに、である。時間の経過は間違いなく事実追及にとってハンディキャップとなる。

〝前書での結論が事実に迫真していたのか〟。

これが、どうしても過る。しかし、重ねた取材で得たものは包み隠さず反映させなければならない。前書において導き出した実行犯の特定という結論については、本書において修正をしなければならない。

前書において、実行犯は、Hと表記した韓国人と断定した。そこに至るまでに、長い長い取材をしてきた。ようやくたどり着いた結果がHが実行犯という結論だった。

日本における外国人犯罪者集団は、その成果と実績を仲間内だけにはつまびらかに打ち明ける。これは彼らの発露でそこに偽りはない。そこから得た結論だけに毫《ごう》も疑うことはなかった。

ただ、その後の取材で得られたものは、まったく新しい結論を導き出す。

そこに登場した一人が、グオだった。

グオの存在は、事件の取材を始めてからもまったくわからなかった。おくびにも出てこなかった。

グオの存在がにわかにクローズアップされたのは、それは、むろん、アンダーグラウンドの世界でという意味であるが、新宿病院理事長殺人未遂事件が起きてからである。

繰り返しになるが、この事件が発生したのは、二〇一九年十月のことである。事件発生時、グオの名前は出ることもなかった。

当然である。

捜査当局の間で、グオが容疑者として浮かび上がったのは、事件を捉えた現場駐車場に据え付けてあった防犯カメラの解析からである。防犯カメラの解析は、事件発生から少なくとも三ヶ月は費やされている。

しかし、あのグループに通じる連中の間では違った。すでに、グオの名前やわかる範囲での過去は取り沙汰されていたのだ。

あのグループ――。前書『世田谷一家殺人事件 侵入者たちの告白』において提起した、〝クリミナル・グループ〟のことである。このグループは、要するにアジア系外国人犯罪集団のことを指す。

警察は、前述のように、同書について異例の抗議をしているから、この用語はもちろん使うことはしないが、実は、このクリミナル・グループなる用語は、警察から得たものである。

それは前書にも明記した。

実際、このグループは、存在しているし、そこからの情報の集積が形になったのが前書だった。

アジア系外国人の犯罪集団は、その持つ国籍は多岐にわたっているが、日本人を混成しない。それは不思議なほどの印象を与える。どうしてなのか、そこはわからない。情報の漏洩を避けるためか、はなから日本人を信用していないのか。

それでも、情報は投げられる。ルートをたどるか、あるいは、どうにかして彼らの懐にほんの隙間を見つけて飛び込むかすれば、である。

現に、捜査当局が防犯カメラの解析をしている最中の二〇一九年十一月、それは事件が起きて一ヶ月後のことだったが、グオの名前を、彼ら、すなわち、クリミナル・グループから聞いた。そのようなことをことさら際立たすつもりはない。ただ、彼らからの情報は、——もちろん、事実として定着できるまではそれなりの熟成期間というか、時間は必要なのであるが——、正鵠《せいこく》をついていたことを認めなければならない、ということだ。

そのため、二〇一九年十二月中旬、筆者は政治運動がピークを迎えていた香港に足を向けた。香港、澳門、そして、深圳において、従前、取材に協力してくれた人物やクリミナル・グループに多少なりとも関係していた男たちに会った。彼らは、そろってグオを知っていた。

これは、特筆すべき事態だと判断せざるを得なかった。

同時に、これは大変重要なことだが、前作までの取材で得た活字にまで昇華させたはずの情報について、修正を加えなければならない、という実に厳粛な事態に追い込まれたのである。これを知った以上、頬被りをするわけにはいかない。

未熟だった情報が、時をかけるに連れて、まるでテキストの上書きをするように塗り込まれていく現実に直面したわけだ。その事実はまず開陳しなければならない。新しい情報の取得は手応えのあるものだが、それには、精算しなければならないオブリゲーションが伴っていることを突きつけられる。

そして、それは、きちんと支払い、納めなければならない。納税の義務とそれは同じ理屈である。

驚いたことにグオの存在を、クリミナル・グループに接触、あるいはある程度首を突っ込んでいた連中が知っていた。

彼らとは前書の取材の頃に会っていた。それは、二〇〇四、五年の頃である。彼らの記憶は実にいい。同じアジア人でもどうやら脳細胞の構造が違うようだ。彼らはそろって今から十五、六年前に取材で会い、自分自身が話したこと、相手（筆者）から聞いたことを微をうがち細にわたって憶えていた。こちらが忘れていることの方が多かった。

いうまでもないことだが、十五、六年前の取材の時にグォのことを彼らが知っているわけはない。その名前はおろか存在だって知らない。

それが一転して、どうして、彼らはグォの存在を、その後、知るようになったのか。しかも、世田谷一家殺人事件というキーワードを間に入れて、である。これは極めて重要なことと言わざるを得ない。

それをひもといていくと、グォが十三歳の時に日本から去った時に、ともに姿をくらませた翟夫妻に行き当たる。グォの存在は、翟夫婦（そのいずれかはわからない）によって、事件から数年後、さらに十年、十数年経過して、徐々に伝播していった。それはあたかも伝言ゲームのように、修正や誇張、脚色、再び修正を交えて、密かに人を厳選しながら伝播していった。河岸の頁岩《けつがん》が長い間急流にさらされることによって、それなりのこなれた形になっていくように。

二〇〇四、五年の頃の侵入者たちの告白は、やはり事件発生から二十年が経過して、その形を変え再度、姿を現した。

それでは、あのときの彼らの告白はでたらめだったのか。それは断じて、Ｎｏ！、である。

それは、二〇一九年に香港や澳門、深圳で会った男たちからも確認している。

そこには、時間の経過を懐かしむなどといったのんびりした雰囲気など一切ない。ここだけは、終始変わらず緊迫しているのだ。事件の風化がもっとも進んでいないのは、この地帯であろう。ここは二十年という歳月などはさほど問題ではないに違いない。迫りくる追跡者の影が、その地帯の中では二十年経とうが三十年経とうが風化を退けているのだ。

一刻も早くこの地帯に踏み込まなければならない。この地帯には風化がないのだ。世紀が変われば、風化が始まるかもしれない。それまでに、この地帯にズカズカと、まるで戦時中の特高のように、軍靴を鳴らし、軍刀を大げさに振り回しながら踏み込み犯人の足下に迫らなければならない。

グオについての短いなりに鋭いエッジにたたずむような情報は、世田谷一家殺人事件の別の面を切り開いたような気がした。膠着《こうちゃく》が当たり前の姿だった事件は、この新情報でにわかに動き出すようにさえ思えた。

捜査の状況

今でも、成城署には上祖師谷三丁目一家四人強盗殺人事件（世田谷一家殺人事件の警視庁における正式名称）の帳場、すなわち、特別捜査本部がある。

「帳場は今でも毎日きちんと動いています」（警視庁）。捜査は地道に進行している、ということだ。

ここでもう一度、帳場が公表した主なインフォメーションを時系列で、ここにまとめておこう。

二〇〇四年十月十五日　事件からちょうど百日目の二〇〇一年四月九日に被害者宅から仙川を隔てた遊歩道脇に置かれていた、東南アジア産出の花崗岩で作られた地蔵の写真が公開された。地蔵の底と台座上部に「六」の文字のようなものが彫られており、そこからは指紋は採取されていない。

二〇〇四年十二月九日　捜査本部は事件に関与している可能性がある不審者のイラストを初めて公開した。公開されたイラストは、事件発生時刻前後（十二月三十日二十三時三十分すぎ）に被害者宅近くで目撃された「身長一七五～一八〇センチ位、年齢二十五～三十五歳位、やせ型、髪は少し長め、黒っぽいジャンパー、黒っぽいズボンの男」と、事件前日の二十九日に犯行で使用された柳刃包丁と同じタイプの包丁を武蔵野市吉祥寺のスーパーマーケットで購入していた「身長一七〇センチ前後、年齢三十代、黒っぽいジャンパーの男」の二点。

二〇〇五年八月一日　特別捜査本部は犯人像を「事件当時、京王線沿線に住んでいた若者（当時十五歳以上）」に絞り込んだことを明らかにした。また、韓国警察当局の捜査協力の結果、最近になって「犯人が韓国で育った人間でない」ことを確認し断定。「犯人が現場に残していったものと同タイプで同サイズ（L）のトレーナーが都内では、四店舗（京王線沿線は二店舗）のみで十着しか売られていなかった」ことも判明し、このトレーナーの購入者のうち現在所有していない人間の中に犯人がいるものとみて、購入者が判明していない残り九着のトレーナーの行方について情報提供を呼びかけている。呼びかけに応じた人はトレーナーの提出を求められるが、新品で同様のトレーナーを贈呈されることになっている。なお、トレーナーの販売ルートはさまざまな報道を見ると当初からほぼ特定できていたとみられるが、犯人像とともに今回改めてメディアで公開し情報提供を呼びかけたものと思われる。

二〇〇五年十一月十三日　怨恨ではなく金銭目的の犯行という見方を強め、犯人像を「当時一人暮らしで、金に困っていた十八歳から三十五歳の男」と絞り込んだことを明らかにした。

二〇〇五年十二月三十日　二階子ども部屋の二段ベッド付近や階段で犯人が横歩きをしたとみられる足跡が複数発見されていたことが分かった。階段では、壁側から手すり側に向かって途中で足跡の向きが入れ替わっていた。このような特殊な歩き方をしていたことから、犯人が「軍隊の経験者である可能性」もあると見て捜査している。

また、特別捜査本部はこれまで怨恨の線で捜査していたが、一家に関係するトラブルが見つかっていないことや二階浴室の窓から侵入するという手口、戸棚の引き出しの空け方、ソファに並べられたカード類、現金がなくなっていたことなどから、最近になって「金銭目的の犯行」の線で捜査していることも判明した。しかし、犯人が長時間被害者宅に留まるなどの行動から怨恨や人格異常者の犯行の線も捨ててはいないという。

二〇〇六年十月十六日　特別捜査本部は犯人像を「アジア系外国人の犯人」または「混血の日本人」と見て捜査を始めたことが明らかになった。血液のＤＮＡから人間のルーツをたどる人類学的解析によるもので、父系がアジア系民族、母系に欧州系民族が含まれることが判明。人種に関するプロファイリングが捜査に適用されるのには前例がなく、ずっとさかのぼった祖先が混血だった可能性も否定できないため、「犯人が純粋な日本人である可能性も否定せずに、幅広く捜査する」方針。

二〇〇六年十二月十五日　特別捜査本部は犯人が現場に残していった黒いハンカチ二枚について新たな情報を公開した。うち一枚については中心部に約三センチの切れ目を開け、ハンカチの一部を押し込んで袋状にしており、犯行時に包丁の柄を差し込んで滑り止めや返り血を避ける目的で使用したものとみられている。犯人が事前に細工などをしていることから計画的犯行の線も見て捜査、このような特殊な方法を使う職業がないか調べている。ハンカチからは被害者の血液のほか犯人の血液も検出された。もう一枚については、三角形に折って両端が絞り込まれていたため、バンダナやマスクとして使用したものとみられる。

また、犯人の血液を詳しく調べた結果、向精神薬や風邪薬などの薬物反応がまったくなくたばこも吸わないことが判明。二枚のハンカチには洗濯をしアイロンをかけた形跡もあった。これらのことから特別捜査本部は犯人像を「薬物中毒や投薬治療中でなく健康体」、「事件当時、現場付近の比較的裕福な家庭で、家族と一緒に暮していた十五歳から三十五歳の男」と見ている。

二〇〇九年十二月三十日　現場に残された犯人のものとみられる血痕のDNA型鑑定を行った結果、母系がミトコンドリアDNAの塩基配列パターンによりアドリア海や地中海の南欧系民族にみられる「アンダーソンH15型」（アジア民族にはみられない）、父親がY染色体鑑定によりアジア民族に多い「O3e スター型（※現表記 O2a2b1*(-O-M134*)）」であることが分かった（二〇〇六年当時）。「O3e スター型」の割合は日本人の約十三人に一人、中国人の約十人に一人、韓国人の約五人に一人にみられる。南欧系の祖先は歴史的に見て遠くない祖先の可能性が高いが、DNA型から犯人との続柄は判別できないため、犯人の母親が南欧系の女性かは不明。また、古い祖先が南欧系の可能性も否定できない。

二〇一〇年十二月二十五日　被害者四人の発見時、全員の顔に服や布団がかけられるなどして顔が隠れた状態であり、犯人が見えないように隠した疑いがある事が判明した。顔を隠すのは犯人が顔見知りだった場合に多いことから、被害者の交友関係などを改めて捜査している。

母親（当時四十一・二階踊り場で発見）の顔にはたんすから物色されたとみられる洋服がかぶせられていた。

長女（当時八・二階踊り場で発見）は母親の脇でうずくまるように顔を下に向けていた。

長男（当時六・二階寝室で発見）はベッド上で頭から布団がかけられていた。

父親（当時四十四・一階の階段付近で発見）は机の引き出しが乗せられていた。

他、室内に色彩の専門書があったことも判明した。

二〇一一年十二月十九日　犯人が現場に残していったものと同タイプのトレーナー（Lサイズおよびサイズ含む）全130着の販売店舗（14都道府県41店舗）が警察の捜査により二〇一一年十二月までに判明、このうち52着が静岡県、22着が長野県での販売となっている。また、130着のうち現在までに購入者が判明しているのは12着のみとなっている。販売数の四割を占める静岡県では、静岡市や浜松市などの「M／X」、「マルフル」（共に現在は解散しているマルフル運営の系列店）の12店舗で販売されており、「M／X」では現場の遺留品と同デザインの帽子や手袋も販売、さらに静岡県の量販店などで現場の遺留品と同型の包丁やヒップバッグも販売されていた。このため、犯人が静岡県内で購入した可能性も視野に入れて、都内でトレーナーや帽子などの遺留品が販売されていたJR荻窪駅のほかJR静岡駅で初めてビラを配るなど情報提供を呼びかけている。

事件から十年以上が経過した。この頃から、捜査本部から公開される情報は、極端に少なくなってくる。

二〇一五年三月二十三日　事件当時、現場近くで血が付着した男の目撃情報があったことが明らかとなった。目撃情報は「左手の袖口から甲にかけて血のついた男が道路を飛び出してきて、自分の車に軽く接触した」という女性のもので、その女性が自分の名前などを名乗らなかったためその後の連絡は取れておらず、目撃した時間帯などについても現時点で分かっていないが、犯人の逃亡時間と推定される三十一日未明の目撃であった可能性もあることから、警視庁はこの情報を重要視して捜査を進めると共に改めて情報提供を求めている。

二〇一九年十二月十三日　現場で発見された凶器の包丁の柄を包んでいたとみられる黒いハンカチについて、フィリピン北部の一部地域（イロコス地方とイサベラ州）における儀式・狩りの際や軍人、ギャングなどが刃物を包む方法に似ていることが明らかとなった。犯人が「フィリピン北部に住む人間」の可能性も考えられるため、ＩＣＰＯを通じ情報収集を進めている他、現地に捜査員を派遣することも検討している。

いうまでもないことだが、この二十年間で捜査本部そのものも右顧左眄《うこさべん》を繰り返していることが、この公表情報によってわかる。

それはいわば当然の経緯といえよう。

その間に、帳場の顔ぶれも世代が交代してしまった。冒頭に記したが、事件発生後に生まれた捜査官すらいるのだ。

それぞれの〝銘肌鏤骨〟

宮澤良行さんの書棚には、トーマス・マンだけでなく、（ベルトルト・）ブレヒトが収まっていた。

『三文オペラ』――。

トーマス・マンと並んで、ご尊父は、書棚ひとつ垣間見てドイツ文学への造詣が深いことがわかった。

「泥棒と株を買うのことは何が違うのか？」

「銀行を襲うのと銀行を作ることの違いは何なのか？」

「人殺しと人を雇う事の違いは？」

「泥棒と株を買うのことは何が違うのか？」

「銀行を襲うのと銀行を作ることの違いは何なのか？」

「人殺しと人を雇う事の違いは？」

これは、『三文オペラ』に登場する台詞（同作品は音楽劇の戯曲である）のごくごくほんの一部である。

その挙げ句、こんな台詞が最後近くに飛び出す。

「このオペラでは正義よりも慈悲が重んじられるのだ」

大団円は、この台詞でこの劇の緞帳は閉められる。

「人生はこんなにも厳しい、悪事には寛容であれ！」

この際、もう一度事件とご尊父の立場を思い起こして欲しい。

ご尊父は、徹頭徹尾、「犯人を憎むより、まずは、出てきて、なぜ、この事件を犯したのか、をはっきり聞かせて欲しい、と主張していた。この主張は非常に重大である。

この思いは何が何でも叶えなければならない。

その根底に、『三文オペラ』があることを、筆者は確信している。

三文オペラは現代社会に対する痛烈な批判である。しかし、そこは、異化効果を生み出したブレヒト、通り一遍の批判などではない。ここに同作品のプロットを記すことはしないが、前述した、代表的な台詞を何回も読み返して欲しい。そして、その一冊が、ご尊父の書棚に粛然と収まっていたのだ。


土田猛氏は、元警視庁成城署長である。現在、殺人事件被害者遺族の会、宙の会の特別参与を務めている。二〇〇七年に警視庁を退職した。そのあと、宙の会特別参与として、世田谷一家殺人事件の被害者遺族に寄り添う。毎年、年末になると事件の情報をもとめるためのビラ配りなどをご母堂、宮澤節子さんとともに精力的に続けているという。

土田氏の思いを直接その肉声で聞きたかったが、それは叶わなかった。筆者は、よほど嫌われてしまったとみえる。

しかし、それでも土田氏の活動については綴らずにはおれない。成城署署長として事件に真っ向から向き合ってきたのだ。その思いを土田氏は、〝歌〟に託す。

土田氏の警察官退官後のもうひとつの顔は、歌手、なのである。二〇一三年に一作目のアルバム（「あの日のあなたへ」というタイトル）で歌手デビュー、二〇一七年に二作目アルバム（「明日へのあなたへ」というタイトル）を発表したという。アルバムに収録した曲は事件に対する真摯な思いが込められたものだそうだ。

〝音楽〟ならば、警察官としての矜持や遺族に対する思いやりが率直に伝わるはずである。土田氏の活動が事件風化の分厚い防波堤になることに議論の余地はないだろう。

土田氏の活動を報じる新聞記事によると、

《（土田氏は）事件現場が近寄りがたい雰囲気になっていることを案じており、「犯人や警察に対する直接的なメッセージを発信するだけでなく、四人の事件から暗く重いイメージを払拭することも活動のうちではないか」と考える。「地元の人に事件を呪いではなく、

歴史としてとらえてもらえるよう、歌の力で呼びかけていきたい」と話した。》（産経新聞二〇一七年四月九日付）

とある。エール！

年末になるとやってくる。

二〇一一年までは被害者宮澤みきおさんのご尊父、宮澤良行さんが毎年、それを丁寧に丁寧にしていた。

埼玉県にある宮澤みきおさん一家の墓参である。墓石の前で深々と頭を下げ、合掌するご尊父をテレビ、新聞などの記者が取り囲む。それを何度も繰り返す。それが終わると、宮澤良行さんは、蝟集《いしゅう》するメディアの前で、コメントを出す。

「なぜ、息子一家は殺されなければならなかったのか。一刻も早く事件が解決し、その理由を犯人の口から話してもらいたい」

ご尊父は、毎年コメントを口にした。

その取材現場にいたあるメディアの記者がため息交じりに言ったことがある。

「お父さんも気の毒だよね。墓石の前で合掌して頭を下げるの、そのシーン、何回もやらせるのよ、テレビ、新聞の記者たちが、ね。あれ、酷だよね、本当に」

いかなる理由があってそんなことを繰り返させるのか。心から疑問に思った。

「それぞれの社、がそのシーンを撮っていくからさ。わかる？　一社一社、独自の〝絵〟を撮りたい、ってこと」

そうだったの。

あまりのことに、しばし唖然としてしまった。その記者の二の句が聞こえなかったほどだ。メディアがご尊父にそろってそれをさせているのか、それとも、他の誰かが要請しているのか。

「警察が、ご尊父に、ご協力のほどお願い致します、と言っているんだよ」

なるほどね。なんとなく納得できるような気がした。

ふと思い出す。前述した前書を批判したワイドショーのことだ。あの（番組の）中で、宮澤良行さんは、なんともいえない憮然とした面持ちで、前書について否定的なコメントをしている。その表情は、筆者が見たことのないようなものだった。意外だった。コメントの内容にも気持ちが落ち込んだが、それを口にしているご尊父の表情には悲しくなった。いくら非難されても、ご尊父ならば全然かまわない。しかし、あれはご尊父の心からのコメントだったか。

毎年繰り返される墓参の裏話を聞いたときに、ふと、ワイドショーの中のご尊父の表情が思い出される。オーバーラップするのだ。

その墓参は、二〇一二年以降、ご母堂、宮澤節子さんに引き継がれている。

ご尊父と同じ姿勢で、ご母堂は、合掌したまま墓前に頭を下げる。

そして、コメントを口にする。

「私が元気な間に、犯人を捕まえて欲しい。そうでなければ、自首して欲しい」、と。

かつて事件発生すぐに浦和のご自宅に取材に行ったときのことを思い出さずにはおれない。

「なぜ、うちの子たちだけがあんな仕打ちを受けなければいけなかったのでしょう……」

ご母堂は、ドアの向こうでか細い声で、そううったえた。

あれから二十年。

ご母堂は、ご尊父宮澤良行さんに替わって、年末に墓参をし、事件当日には、宙の会（殺人事件被害者遺族の会）の一員として、現場の最寄り駅でビラを撒く。

頭が下がった。

名古屋西区主婦殺害事件の被害者遺族である高羽悟さんは声を大にして言っている。

「事件発生から二十二年が経ちますが、私の中では時間が進んでいません」

その日、土曜日だったが、高羽さんはいつもと同じように仕事に出た。仕事に出るときは、こんな悲劇が起きるとは想像すらしていなかったし、いやな予感が頭を過るようなこともなかった。第一発見者ではなかったことが、せめてもの救いとなった。仕事を終え、帰宅したところで、最愛の妻の変わり果てた姿を目の当たりにしたとしたら、錯乱していたかもしれない、という。高羽さんのその思いは不用意に想像することは許されないが、もし、それが自分の身の上に起きたことを考えるとき、血も凍る思いにさせられる。

その日から高羽さんは、事件現場となったアパートの一室を今現在まで途切れることなく借りている。家賃は、月五万円である。二十二年間、その部屋を借り続けているのだ。

「事件が解決するまで、借り続けます」（高羽さん）。

事件を忘れてはいけない。絶対に風化させてはいけない。人ごとではない。

世田谷一家殺人事件には、いわゆる懸賞金がある。

懸賞金というのは、犯人に結びつく重大な情報を提供し、その情報によって、事件が解決したときに支払われるものである。正式には、捜査特別報奨金制度、あるいは公費懸賞金という。警察庁が二〇〇七年四月一日から設けた。（都道府県警察が捜査中の事件のうち、警察庁が指定した事件について、容疑者の確保に直結する有力な情報を提供した者に民法529条及び532条の規定に従って支払われる。懸賞金は百万円～三百万円（最高一千万円）。応募期間は原則一年だが、特に必要と認められる事件には延長がなされる。つまり、この懸

賞金の原資は税金である）

警視庁内の交番にポスターが貼ってあるのを見た人は多いだろう。ことさらこの懸賞金が強調されているポスターもある。大きな活字で、三百万円、などと書かれていると、つい、この事件は三百万円が不当に奪われたものか？　と錯覚してしまいそうだが、それが懸賞金、と気付くと、さて、この事件はどういうものだったかな？　と記憶を探る。あわよくば、懸賞金にありつけないものか、と考える。はて、その時自分はどうしていたかな、この事件の近くにいなかったかとか、被害者のことを知らなかったかなどと考える。すべて該当しなければ、残念ながらその場を速やかに立ち去る。多くの人はこうした行動となるだろう。それでも、この懸賞金設定の意味はある。たとえ金額に目がいったとしても交番前にたたずみ、その未解決事件のことを思い出そうとする。それは、間違いなく事件の風化の歯止めにはなるのだから。

前書を出版したとき（二〇〇六年）には、前述のようにこの懸賞金制度はなかったが、その後も続いたバッシングの中で、案の定、〝あの本は懸賞金目当てだったのだろう〟、などと言われた。苦笑を禁じ得ないが、実際のところ、懸賞金の金額から目が離せない人は多いに違いない。

今現在、世田谷一家殺人事件の懸賞金は、三百万円（毎年更新されている）だが、これに遺族による謝礼金が加わって、二千万円になっている。

この金額が破格であることはいうまでもないだろう。遺族からの謝礼が公的報奨金を大幅に上回っている。ここに今（これまでも含めて）の捜査の在り方が浮き彫りにされてくる。深く考えさせられる事態である。

ちなみに、二〇二〇年七月、公的報奨金の見直し（更新）が行われた。

警察庁は一日、東京都八王子市のスーパー「ナンペイ大和田店」で女子高生ら三人が射殺された強盗殺人など四事件で、解決に結びつく情報の提供者に支払う公的懸賞金（捜査特別報奨金）の受付期間を一年間延長することを決めた。上限額はそれぞれ三百万円。ナンペイ事件は発生二十五年を迎える七月三十日から延長し、十三回目となる。

他の三件は群馬県太田市のパチンコ店で一九九六年七月、当時四歳の横山ゆかりちゃんが行方不明になった事件▽大阪府熊取町で二〇〇三年五月、当時小学四年の吉川友梨さんが行方不明になった事件▽新潟市で〇九年十一月、タクシーの男性運転手が刺殺された強盗殺人事件。

いずれの事件も発生十～二十五年が経過している。しかしながら、このように報奨金更新がなされると、〝あ、あの事件か、まだ、解決してなかったんだ〟、と思い出させる。

その効果は、確実にある。

誰もが事件の渦中にはまり込む可能性を持っているのだ。世田谷一家殺人事件の宮澤さん一家も、その日一家四人で夕食を囲んでいるのだ。そのわずか三、四時間後に事件に巻き込まれるとは想像すらしていなかっただろう。高羽さんにしても、いつものように仕事に向かう途中、あるいは、仕事をしている最中に、愛する家族の身の上に信じがたい異変が起きているとは、爪から先思ってもいなかった。

他人事ではないのは、もう、言わずもがな、なのだ。いつ、あなたが不幸のどん底に落ち込むかわからない。

事件の風化だけは絶対に防がなければならない。

銘肌鏤骨――。

おわりに

過日、作詞家の松本隆氏があるテレビ番組でこんなことを言っていた。

それは、一九七五年に大ヒットした、太田裕美の「木綿のハンカチーフ」についての言葉だった。ちなみに、この曲は、松本氏のあの切なく甘美な歌詞があったからこそ、あれだけのヒットをした。それは、誰もが認めるところであろう。

「〝木綿〟って言葉、あれ、あえて使ったんだよね。あの時代にもう、使われなくなりつつあった。僕らが幼い頃は当たり前に使っていたはずなんだけど。それでね、僕が使わないと、きっと忘れられてしまう。いい言葉なのに。だから、あえて使ったんだ」

それまでなんとなく音声だけを聴いていたテレビだったが、このくだりで思わず体を起こし、耳に神経を集中させた。

松本氏の感性に改めて目を開かされた気がした。超のつく一流の作詞家というものはこういうものか、と痛く感心した。「木綿のハンカチーフ」の頃の松本氏は、新進気鋭の作詞家だったそうだが。

いいものであっても、そうでなくても言葉というものは使われなくなれば忘れられてしまう。だから、忘れられたくない言葉は僕が使うんだ――。これは、言葉を生業にしている作詞家の矜持そのものとしかいいようがない台詞である。

使われなくなれば、忘れられる。

それは、言葉だけではない。森羅万象、すべてにこの方程式は当てはまる。

何度も繰り返すが、世田谷一家殺人事件が起きて、二十年が経つ。未解決のこの事件が人の口にのぼらなくなれば、――使われなくなれば――、忘れられてしまう。

私が前書を出してから十四年が経つ。本文でも述べたように、その評価たるや惨憺たるものだった。ネットやアマゾンの書評では、罵詈雑言にあふれた。トンデモ本と喧伝され、カネ返せ、とまでいわれた。「あんたのことは誰も信用しませんよ」、面と向かってこういう記者がいた。そんないやなことも、時間の経過とともに風化していった。

〝時はいつも親切な友達。過ぎていくきのうを物語にかえる〟（「12月の雨」作詞作曲　荒井由実より）。荒井由実の古い楽曲にこんな歌詞があったな。妙なことを思い出す。どうにも皮肉なものである。

ただ、それでもまた、世田谷一家殺人事件の本を出す。もうこりごりだ、などと甘ったれたことは言っていられない。たとえどんな評価を受けても、少なくとも風化を食い止める防風林の一本くらいにはなれるかもしれない。事件の風化を食い止める、などと大仰に宣《のたま》うのはおこがましい。しかし、誰かが襤褸《ぼろ》の旗を振り続けて、事件のことを人の口に上らせなければならない。それは、誰でもいいのだ。

今や、「世田谷一家殺人事件? ああ、あったね。あれって、まだ犯人捕まってないんだっけ?」、こんな会話が今もすでにされている。ティーンや二十代ともなると、「それ、どんな事件です?」、が通常なのである。いやになる。翻って事件については、いまだに何一つわかっていないのだ。こんなことがあってたまるか。物語に変えてはならない。

「木綿のハンカチーフ」は、今から、四十五年も前にリリースされたにもかかわらず、いまだに色褪せず人々の心の中でそのフレーズを奏でる。この曲を聴いて、「木綿? 何それ?」、という二十代やティーンはいない。一方、凄惨な事件のことは、誰でも思い出したくないことであろう。しかし、現実に発生したことは時の狭間に置き去りにはできない。まして、この事件は、未解決なのである。

青志社の阿蘇品蔵社長の叱咤がなければ本書は永遠《とわ》に世に出せなかったであろう。深謝申し上げます。並びに青志社のスタッフの方々にも深く感謝致します。

二〇二〇年九月　齊藤寅

齊藤 寅

さいとう・しん

1962年名古屋市生まれ。

週刊誌記者を経て現在、フリー。

著書に、『世田谷一家殺人事件　侵入者たちの告白』(草思社)、『関西電力「反原発町長」暗殺指令』(宝島社)、『暗躍する外国人犯罪集団』(花伝社)がある。

撮影◉小島愛一郎

世田谷一家殺人事件　銘肌鏤骨　それぞれの20年

二〇二〇年十月十四日　第一刷発行

著者――――――齊藤 寅

編集人・発行人――阿蘇品 蔵

発行所――――――株式会社青志社

〒一〇七-〇〇五二　東京都港区赤坂五-五-九　赤坂スバルビル六階

（編集・営業）

TEL：〇三-五五七四-八五一一　FAX：〇三-五五七四-八五一二

http://www.seishisha.co.jp/

本文組版――――株式会社キャップス

印刷・製本――――中央精版印刷株式会社

ISBN 978-4-86590-108-5 C0095